PAULO COELHO

Paulo Coelho es uno de los escritores más influyentes de nuestro tiempo. Es el autor de varios bestsellers internacionales, incluyendo *El Alquimista, Aleph, Once minutos,* y *El manuscrito encontrado en Accra.* Traducidos a 88 idiomas, sus libros han vendido más de 320 millones de copias en más de 170 países. Es miembro de la Academia Brasileña de Letras, y fue galardonado con el Chevalier de l'Ordre National de la Légion d'Honneur. En el 2007 fue nombrado Mensajero de la Paz por las Naciones Unidas.

También de Paulo Coelho

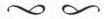

EL PEREGRINO

EL PEREGRINO

PAULO COELHO

Traducción de
PILAR OBÓN

Vintage Español

Penguin
Random House
Grupo Editorial

Título original: *O diário de um mago*

Primera edición: noviembre de 2022

Copyright © 1987, Paulo Coelho
Copyright por la traducción © 2015, Pilar Obón
Copyright por la edición © 2023, Penguin Random House Grupo Editorial USA, LLC
8950 SW 74th Court, Suite 2010
Miami, FL 33156
Publicado por Vintage Español,
una división de Penguin Random House Grupo Editorial USA, LLC.
Todos los derechos reservados.

Traducción del prefacio: Andrea Imaginario
Diseño de cubierta: Jim Tierney

Impreso en Colombia / *Printed in Colombia*

ISBN: 978-1-64473-683-8

23 24 25 26   10 9 8 7 6 5 4

Oh, María, sin pecado concebida,
ruega por nosotros que a Ti recurrimos. Amén.

Entonces le dijeron: Señor, he aquí dos espadas.
Y Él respondió: Basta.

Lucas 22:38

Cuando comenzamos la peregrinación, creí que había realizado uno de los sueños más grandes de mi juventud. Para mí tú eras el brujo Don Juan y yo revivía la saga de Castaneda en busca de lo extraordinario.

Pero resististe valientemente todos mis intentos por transformarte en héroe. Eso hizo muy difícil nuestra relación, hasta que entendí que lo Extraordinario está en el Camino de las Personas Comunes. Hoy en día, esta comprensión es la posesión más preciosa de mi vida, que me permite hacer cualquier cosa; y me acompañará por siempre.

Por esta comprensión, que ahora quiero compartir con otros, este libro está dedicado a ti, Petrus.

EL AUTOR

PREFACIO

S entado en un jardín de una ciudad al sur de Francia. A mi lado, una carta de mi editor en la que me pide un prefacio para la nueva edición de *El peregrino de Compostela.*

Agua mineral.

Café.

Temperatura de 27 °C en la tarde del 1 de junio de 2001.

Personas que conversan, personas que caminan.

Personas que también toman su café y su agua mineral.

De pronto, regreso quince años atrás en el tiempo: una tarde, un café, un agua mineral, personas que hablan y caminan, solo que, esta vez, el escenario corresponde a las planicies de León, el idioma es el español, mi cumpleaños se aproxima... Ya salí de Saint-Jean-Pied-de-Port hace algún tiempo y estoy a poco más de medio camino rumbo a Santiago de Compostela. Miro al frente: un paisaje monótono; el guía que también toma su café en un bar que parece surgido de la nada. Miro hacia atrás: el mismo paisaje monótono, con la única diferencia de que el polvo del suelo dibuja las huellas de mis zapatos, pero son temporales... el viento las borrará antes de que caiga la noche. Todo me parece irreal. ¿Qué estoy haciendo aquí? Esa es la pregunta que me acompaña, a pesar de que han pasado algunas semanas. Estoy buscando una espada. Estoy cumpliendo un ritual de RAM, una pequeña orden de la Iglesia católica, sin secretos o misterios más allá del intento por comprender el lenguaje simbólico del mundo. Estoy pensando que fui engañado, que la búsqueda espiritual no pasa de ser una cosa sin sentido y sin lógica, que sería mejor estar en Brasil, cuidando de lo que siempre he cuidado. Estoy dudando de mi sinceridad en la búsqueda espiritual porque da mucho trabajo buscar a un Dios que nunca se muestra, rezar a horas específicas, recorrer caminos extraños, tener disciplina, aceptar órdenes que me parecen absurdas.

Es eso: dudo de mi sinceridad. En el transcurso de estos días, Petrus me ha dicho que el camino es de todos, de las personas comunes, y esto me ha dejado muy decepcionado. Yo pensaba que todo este esfuerzo me daría un lugar destacado entre los pocos elegidos que se acercan a los grandes arquetipos del Universo. Pensaba que, finalmente, descubriría que son verdaderas todas las historias sobre gobiernos secretos de sabios del Tíbet, sobre pociones mágicas capaces de provocar el amor donde no existe la atracción, sobre rituales donde, de repente, surgen las puertas del Paraíso.

Pero lo que Petrus me dijo es exactamente lo contrario: no existen elegidos. Todos son escogidos si, en vez de preguntarse "qué estoy haciendo aquí", deciden hacer cualquier cosa que despierte el entusiasmo en su corazón. Es en el trabajo entusiasta donde está la puerta del paraíso, el amor que transforma, la elección que nos lleva hasta Dios. Es ese entusiasmo el que nos conecta con el Espíritu Santo, y no las centenas, millares de lecturas de los textos clásicos. Es el deseo de creer que la vida es un milagro lo que permite que los milagros ocurran, y no los llamados rituales secretos o las órdenes iniciáticas. En fin, es la decisión de cumplir su destino lo que hace al hombre ser realmente un hombre, y no las teorías que desarrolla en torno al misterio de la existencia.

Y aquí estoy yo. Un poco más allá de la mitad del camino que me lleva a Santiago de Compostela.

En esa tarde en León, en el remoto año de 1986, aún no sé que dentro de seis o siete meses escribiré un libro sobre esta mi experiencia, que ya camina por mi alma el pastor Santiago en busca de un tesoro, que una mujer llamada Veronika se prepara para ingerir algunas píldoras en un intento de suicidio, que Pilar llegará delante del río Piedra y, llorando, escribirá su diario. Todo lo que sé en este momento es que estoy tenso, nervioso, incapaz de hablar con Petrus, porque me acabo de dar cuenta de que no puedo volver a hacer lo que he venido haciendo, aun cuando eso signifique dejar ir una cantidad razonable de dinero al final del mes, una cierta estabilidad emocional y un trabajo que conozco y del cual domino algunas técnicas. Necesito cambiar, continuar rumbo a mi sueño, un sueño que parece infantil, ridículo, imposible de realizar: convertirme en el escritor que siempre deseé, pero que no he tenido el valor de asumir.

Petrus acaba de beber su café, su agua mineral, me pide que pague la cuenta y que continuemos el camino, pues aún faltan algunos kilómetros hasta la próxima ciudad. Las personas continúan pasando y conversando, mirando de soslayo a los dos peregrinos de mediana edad, pensando cómo hay gente extraña en este mundo, siempre dispuesta a revivir un pasado que ya está muerto.* La temperatura debe rondar los 27 °C, porque es el final de la tarde, y yo me pregunto silenciosamente, por milésima vez, qué estoy haciendo allí.

¿Yo quería cambiar? Creo que no, pero al fin y al cabo este camino me está transformando. ¿Yo quería conocer los misterios? Creo que sí, pero el camino me está enseñando que no existen los misterios, que, como decía Jesucristo, no hay nada oculto que no haya sido revelado. En fin, todo está sucediendo exactamente al contrario de como lo esperaba.

Nos levantamos y comenzamos a caminar en silencio. Estoy inmerso en mis pensamientos, en mi inseguridad, y Petrus debe estar pensando, imagino yo, en su trabajo en Milán. Él está aquí porque, de alguna manera, la tradición lo obligó, pero posiblemente espera que esta caminata termine pronto para volver a hacer lo que le gusta.

Caminamos casi todo el resto de la tarde sin hablar. Todavía no existen móviles, faxes personales, correos electrónicos. Estamos aislados en nuestra convivencia forzada. Santiago de Compostela está al frente de nosotros, y no puedo imaginar que este camino me conduzca no solo a esta ciudad, sino a muchas otras ciudades del mundo. Ni Petrus ni yo sabemos que esta tarde, en la planicie de León, también estoy caminando hacia Milán, su ciudad, a la que llegaré casi diez años después, con un

---

* En el año en que hice la peregrinación, apenas cuatrocientas personas recorrieron el Camino de Santiago. En el año 1999, según estadísticas no oficiales, cuatrocientas personas pasaban diariamente frente al bar mencionado en el texto.

libro llamado *El alquimista*. Estoy caminando hacia mi destino, tantas veces soñado y otras tantas negado. Estoy caminando hacia el jardín donde, en esta tarde de junio de 2001, existe un café, un agua mineral, un sol agradable, una carta de mi editor pidiéndome un prefacio para la edición italiana de *El peregrino de Compostela*.

Camino para ver publicada la historia de mi renacimiento.

PAULO COELHO
Jardín Massey, Tarbes, Francia,
1 de junio de 2001

PRÓLOGO

—¡Y que, ante la Faz Sagrada de RAM, toques con tus manos la Palabra de la Vida, y recibas tanta fuerza que te vuelvas su testigo hasta los Confines de la Tierra! El Maestro levantó mi nueva espada, manteniéndola en su vaina. Las llamas de la hoguera crepitaron, un presagio favorable, indicando que el ritual debía continuar. Entonces me incliné y, con las manos desnudas, comencé a cavar en la tierra frente a mí.

Era la noche del día 2 de enero de 1986, y estábamos en lo alto de una de las montañas de Sierra del Mar, cerca de la formación conocida como Agujas Negras. Además de mí y de mi Maestro, también estaban mi mujer, un discípulo mío, un guía local y un representante de la gran fraternidad que congregaba las órdenes esotéricas en todo el mundo, conocida con el nombre de Tradición. Todos, incluyendo el guía que había sido advertido previamente de lo que sucedería, estaban participando de mi ordenación como Maestro de la Orden de RAM.

Terminé de cavar un agujero no muy profundo, pero largo. Toqué la tierra con toda solemnidad, pronunciando las palabras rituales. Entonces mi mujer se me acercó y me entregó la espada que yo había utilizado por más de diez años y que tanto me auxiliara en centenares de Operaciones Mágicas durante aquel tiempo. Deposité la espada en el agujero que había cavado. Después le puse la tierra encima y aplané de nuevo el terreno. Mientras lo hacía, recordaba las pruebas por las que había pasado, las cosas que había conocido y los fenómenos que era capaz de provocar simplemente porque llevaba conmigo aquella espada tan antigua y tan amiga. Ahora ella sería devorada por la tierra, el hierro de su lámina y la madera de su mango sirviendo nuevamente de alimento para el sitio de donde había obtenido tanto Poder.

El Maestro se aproximó y colocó mi nueva espada ante mí, encima del lugar donde yo había enterrado la antigua. Entonces todos abrieron los brazos y el Maestro, utilizando su Poder, hizo que alrededor de nosotros se formara una especie de luz extraña, que no iluminaba, pero que era visible y hacía que el cuerpo de las personas tuviera un color diferente al amarillo proyectado por la hoguera. Entonces, desenvainando su propia espada, tocó mis hombros y mi cabeza mientras decía:

—Por el Poder y por el Amor de RAM, yo te nombro Maestro y Caballero de la Orden, hoy y para el resto de los días de tu vida. R de Rigor, A de Amor, M de Misericordia; R de *Regnum*, A de *Agnus*, M de *Mundi*. Cuando toques tu espada, que jamás permanezca mucho tiempo en su vaina, porque se herrumbrará. Pero cuando salga de la vaina, que jamás vuelva a ella sin antes haber hecho un Bien, abierto un Camino o bebido la sangre de un Enemigo.

Y con la punta de la espada hirió levemente mi frente. A partir de ese momento yo ya no tenía que permanecer en silencio. No tenía que esconder aquello de lo que era capaz, ni ocultar los prodigios que había aprendido a realizar en el camino de la Tradición. A partir de ese momento, yo era un Mago.

Extendí la mano para tomar mi nueva espada, de acero que no se destruye y de madera que la tierra no consume, con su empuñadura negra y roja, y su vaina negra. Sin embargo, al momento en que mis manos tocaron la vaina y yo me preparaba para atraerla hacia mí, el Maestro dio un paso al frente y pisó mis dedos con gran violencia, provocando que yo gritara de dolor y soltara la espada.

Lo miré sin entender. La extraña luz había desaparecido y el rostro del Maestro tenía ahora la apariencia fantasmagórica que las llamas de la hoguera dibujaban.

Me miró fríamente, llamó a mi mujer y le entregó la nueva espada. Después se volvió hacia a mí y dijo:

—¡Aparta la mano, que engaña! ¡Porque el camino de la Tradición no es el camino de los pocos elegidos, sino el camino de todos los hombres! ¡Y el Poder que piensas que tienes no vale nada, porque no es un Poder que se comparta con los otros hombres! Debías haber rehusado la espada, y si lo hubieras hecho ella te hubiese sido entregada, porque tu corazón estaría puro. Pero tal como yo temía, en el momento sublime tropezaste y caíste. Y, a causa de tu avidez, tendrás que caminar de nuevo en busca de tu espada. Y, a causa de tu soberbia, tendrás que buscarla entre los hombres simples. Y, a causa de tu fascinación por los prodigios, tendrás que luchar mucho para conseguir de nuevo aquello que tan generosamente te iba a ser entregado.

Fue como si el mundo hubiera huido bajo mis pies. Seguí arrodillado, atónito, sin querer pensar en nada. Como había devuelto mi antigua espada a la tierra, no podía tenerla de vuelta. Y como la nueva no me había sido entregada, estaba de nuevo como alguien que hubiese comenzado en ese instante, sin poder y sin defensa. En el día de mi suprema Ordenación Celeste, la violencia de mi Maestro, pisando mis dedos, me devolvía al mundo del Odio y de la Tierra.

El guía apagó la hoguera y mi mujer vino a mí y me ayudó a levantarme. Traía mi nueva espada en las manos, pero debido a las reglas de la Tradición, yo jamás podría tocarla sin permiso de mi Maestro. Descendimos en silencio en medio de la espesura, siguiendo la linterna del guía, hasta llegar al pequeño camino de tierra donde los autos estaban estacionados.

Nadie se despidió de mí. Mi mujer puso la espada en la cajuela del auto y encendió el motor. Permanecimos mucho tiempo en silencio, mientras ella conducía despacio, sorteando los agujeros y los escollos del camino.

—No te preocupes —me dijo, intentando animarme un poco—. Estoy segura de que lograrás obtenerla otra vez.

Le pregunté qué le había dicho el Maestro.

—Me dijo tres cosas. Primero, que debería haber traído un abrigo, porque ahí en la cima hacía mucho más frío de lo que había pensado. Segundo, que nada de lo ocurrido había sido una sorpresa para él, que ya había sucedido muchas otras veces, con muchas otras personas que habían llegado hasta donde llegaste tú. Y tercero, que tu espada te estaría esperando a la hora correcta, en la fecha correcta, en algún punto de un camino que tendrás que recorrer. No sé ni la fecha ni la hora. Sólo me dijo el sitio donde debo esconderla para que la encuentres.

—¿Y cuál es ese camino? —pregunté, nervioso.

—Ah, eso no me lo explicó muy bien. Sólo me dijo que buscaras en el mapa de España una ruta antigua, medieval, conocida como el Extraño Camino de Santiago.

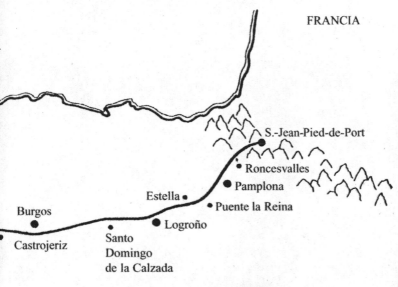

MAR CANTÁBRICO

FRANCIA

S.-Jean-Pied-de-Port

Roncesvalles

Pamplona

Estella

Puente la Reina

Burgos

Logroño

Castrojeriz

Santo
Domingo
de la Calzada

La llegada

El funcionario de la aduana miró largamente la espada que traía mi mujer, preguntando lo que pretendíamos hacer con aquello. Le dije que un amigo nuestro iba a evaluarla para poder subastarla. La mentira dio resultado; el hombre nos dio una declaración de que habíamos entrado con la espada por el aeropuerto de Barajas y avisó que, si hubiera problemas para sacarla del país, bastaba con mostrar aquel papel en la aduana.

Fuimos al mostrador de la compañía de renta de autos y confirmamos la reservación de dos automóviles. Tomamos los comprobantes y fuimos a comer algo en el restaurante del aeropuerto, antes de despedirnos.

Yo había pasado una noche insomne en el avión, mezcla de miedo de volar con miedo de lo que sucedería de ahí en adelante, pero aun así estaba excitado y despierto.

—No te preocupes —dijo ella por milésima vez—. Debes ir a Francia y, en Saint-Jean-Pied-de-Port, preguntar por Madame Lourdes. Ella te pondrá en contacto con alguien que te guiará por el Camino de Santiago.

—¿Y tú? —pregunté, también por milésima vez, sabiendo la respuesta.

—Voy adonde tengo que ir, a dejar lo que me fue confiado. Después me quedaré en Madrid algunos días y volveré a Brasil. Soy capaz de manejar nuestras cosas tan bien como tú.

—Yo lo sé —respondí, queriendo evitar el asunto. Mi preocupación con los negocios que había dejado en Brasil era enorme. Aprendí lo necesario sobre el Camino de Santiago en los quince días que siguieron al incidente en Agujas Negras, pero había tardado casi siete meses en decidirme a dejar todo y hacer el viaje. Hasta que, cierta mañana, mi mujer me dijo que la hora y la fecha se aproximaban y que, si no tomaba una decisión, debía olvidarme para siempre del camino de la Magia y de la Orden de RAM. Intenté demostrarle que el Maestro me había asignado una tarea imposible, ya que no podía simplemente sacudirme de los hombros la responsabilidad del trabajo diario que tenía. Ella rio y me dijo que yo estaba dando una disculpa tonta, pues en aquellos siete meses había hecho poco además de preguntarme noche y día si debía o no viajar. Y, con el gesto más natural del mundo, me extendió los dos pasajes ya con la fecha del vuelo marcada.

—Estamos aquí porque tú lo decidiste —le dije, en la cafetería del aeropuerto—. No sé si esto está bien; dejar a otra persona la decisión de buscar mi espada.

Mi mujer dijo que, si íbamos a hablar de tonterías, era mejor tomar los autos y despedirnos ya.

—Tú jamás dejarías que ninguna decisión de tu vida partiera de otra persona. Vamos ya, se está haciendo tarde.

Ella se levantó, tomó su equipaje y se dirigió al establecimiento. Yo no me moví. Me quedé sentado, mirando la manera displicente en que cargaba mi espada, que a cada momento amenazaba con escurrirse por debajo de su brazo.

Ella se detuvo a medio camino, volvió a la mesa donde yo estaba, me dio un sonoro beso en la boca y me miró sin decir nada durante mucho tiempo. De pronto percibí que estaba en España, que ya no podía volver atrás. Aun con la horrible certeza de que tenía muchas probabilidades de fracasar, ya había dado el primer paso. Entonces la abracé con mucho amor, con todo el amor que sentía en ese momento, y mientras ella estaba en mis brazos recé por todo y por todos aquellos en los que creía, supliqué que me dieran fuerzas de volver con ella y con la espada.

—Bonita espada, ¿viste? —comentó una voz femenina en la mesa de al lado después de que mi mujer partió.

—No te preocupes —respondió una voz de hombre—. Te compraré una exactamente igual. Las tiendas turísticas aquí en España tienen miles de ellas.

Después de una hora de conducir, el cansancio acumulado la noche anterior comenzó a surgir. Además, el calor de agosto era tan fuerte que, incluso en una carretera vacía, el auto comenzaba a presentar problemas de sobrecalentamiento. Decidí parar un poco en una pequeña ciudad que los letreros en la carretera anunciaban como Monumento Nacional. Mientras subía por los escarpados escalones que me conducían a ella, comencé a recordar de nuevo todo lo que había aprendido sobre el Camino de Santiago.

Así como la tradición musulmana ordena que todo fiel haga, por lo menos una vez en la vida, el camino que Mahoma recorrió de la Meca a Medina, el primer milenio del cristianismo conoció tres rutas consideradas sagradas, y que resultaban en una serie de bendiciones e indulgencias para quien completara cualquiera de ellas. La primera ruta llevaba al túmulo de San Pedro, en Roma. Sus caminantes tenían por símbolo una cruz y se les llamaba *romeros*. La segunda conducía al Santo Sepulcro de Cristo, en Jerusalén, y quienes hacían ese camino se llamaban *palmeros*, porque tenían como símbolo las palmas con las que Cristo fue saludado al entrar en la ciudad. Finalmente existía un tercer camino, un camino que llevaba hasta los restos mortales del apóstol Santiago, enterrados en un lugar de la península Ibérica donde cierta noche un pastor había visto una estrella brillando sobre un campo. Cuenta la leyenda que no sólo Santiago, sino la propia Virgen María, estuvieron por ahí poco después de la muerte de Cristo, llevando la palabra del Evangelio y exhortando a los pueblos a convertirse. El lugar fue conocido como Compostela —el campo de la estrella— y pronto surgió una ciudad que atraería a viajeros de todo el mundo cristiano. A esos viajeros que recorrían la tercera ruta sagrada les fue dado el nombre de *peregrinos* y tenían como símbolo una concha.

En su época de oro, en el siglo xiv, la "Vía Láctea" (llamada así porque de noche los peregrinos se orientaban por esa galaxia) llegó a ser recorrida cada año por más de un millón de personas venidas de todos los rincones de Europa. Hasta hoy, místicos, religiosos e investigadores todavía recorren a pie los setecientos kilómetros que separan la ciudad francesa de Saint-Jean-Pied-de-Port de la Catedral de Santiago de Compostela, en España.[1]

---

[1] El Camino de Santiago en territorio francés estaba compuesto de varias rutas, que se unían en una ciudad española llamada Puente La Reina. La ciudad de Saint-

Gracias al sacerdote francés Aymeric Picaud, que peregrinó a Compostela en 1123, la ruta seguida hoy por los peregrinos es exactamente igual al camino medieval que fue recorrido por Carlomagno, San Francisco de Asís, Isabel de Castilla y, más recientemente, por el Papa Juan XXIII, entre muchos otros.

Picaud escribió cinco libros sobre su experiencia, presentados como obra del Papa Calixto II, devoto de Santiago, que fue conocida más tarde como Codex Calixtinus. En el Libro V del Codex Calixtinus, *Liber Sancti Jacobi*, Picaud enumera las marcas naturales —fuentes, hospitales, refugios y ciudades— que se extendían a lo largo del camino. Basada en las anotaciones de Picaud, una sociedad, *Les Amis de Saint-Jacques* (Santiago es *Saint Jacques* en francés, *James* en inglés, *Giacomo* en italiano, *Jacob* en latín) se encargó de preservar hasta hoy esas marcas naturales y orientar a los peregrinos.

A la vuelta del siglo XII, la nación española comenzó a aprovechar la mística de Santiago en su lucha contra los moros que habían invadido la península. Se crearon varias órdenes militares a lo largo del Camino, y las cenizas del apóstol se convirtieron en un poderoso amuleto espiritual para combatir a los musulmanes, que decían tener consigo un brazo de Mahoma. Sin embargo, finalizada la Reconquista, las órdenes militares tenían tanta fuerza que comenzaron a amenazar al Estado, obligando a los Reyes Católicos a intervenir directamente para evitar que se levantaran en contra de la nobleza. Como consecuencia, el Camino fue poco a poco cayendo en el olvido y, si no hubiera sido por

---

Jean-Pied-de-Port se localiza en una de esas rutas, que no es la única ni la más importante.

manifestaciones artísticas esporádicas, como *La Vía Láctea*, de Buñuel o *Caminante,* de Joan Manuel Serrat, hoy en día nadie sería capaz de recordar que por ahí pasaron miles de personas que más tarde poblarían el Nuevo Mundo.

La pequeña ciudad a la que llegué en el auto estaba absolutamente desierta. Después de mucho buscar, encontré una pequeña cantina adaptada en una vieja casa de estilo medieval. El dueño, que no despegaba los ojos de una serie en la televisión, me avisó que era la hora de la siesta y que yo estaba loco por andar por la calle con tanto calor.

Pedí un refresco, intenté ver un poco de televisión, pero no conseguía concentrarme en nada. Sólo pensaba que dentro de dos días iba a revivir, en pleno siglo xx, un poco de la gran aventura humana que trajo a Ulises de Troya, anduvo con el Quijote por la Mancha, llevó a Dante y a Orfeo a los infiernos y a Cristóbal Colón a las Américas: la aventura de viajar hacia lo Desconocido.

Cuando volví a tomar el auto ya estaba un poco más calmado. Aunque no descubriera mi espada, la peregrinación por el Camino de Santiago terminaría haciendo que me descubriese a mí mismo.

SAINT-JEAN-PIED-DE-PORT

Un desfile de personajes enmascarados y una banda de música, todos vestidos de rojo, verde y blanco, los colores del País Vasco francés, ocupaba la calle principal de Saint-Jean-Pied-de-Port. Era domingo, yo había pasado dos días conduciendo y no podía perder siquiera un minuto más asistiendo a aquella fiesta. Me abrí camino entre las personas, escuché algunos insultos en francés, pero terminé dentro de las fortificaciones que constituían la parte más antigua de la ciudad, donde debería estar Madame Lourdes. Incluso en aquella parte de los Pirineos hacía calor durante el día, y salí del carro empapado en sudor.

Toqué la puerta. Toqué otra vez y nada. Una tercera vez, y nadie respondió. Me senté en la acera, preocupado. Mi mujer había dicho que yo debía estar ahí exactamente ese día, pero nadie respondía a mis llamados. Podía ser que Madame Lourdes hubiera salido a ver el desfile, pensé, o que hubiera llegado demasiado tarde y ella decidió no recibirme. El Camino de Santiago terminaba antes incluso de haber comenzado.

De repente, la puerta se abrió y una niña saltó a la calle. Me levanté también de un salto y pregunté por Madame Lourdes en un francés algo defectuoso. La niña soltó una risa y señaló hacia adentro. Entonces me di cuenta de mi error: la puerta daba a un inmenso patio, en torno al cual se extendían viejas casas medievales con balcones. La puerta estaba abierta para mí y yo no me había atrevido siquiera a tomar el pomo.

Entré corriendo y me dirigí a la casa que la niña me había indicado. Allá adentro, una mujer anciana y gorda vociferaba algo en vasco contra un muchachito menudo, de ojos castaños y tristes. Aguardé algún tiempo a que terminara la pelea —y efectivamente terminó con el pobre chico siendo ahuyentado hacia la cocina bajo una ola de insultos de la vieja. Sólo entonces ella se volteó hacia mí y, sin siquiera preguntar lo que quería, me condujo, entre gestos delicados y empujones, al segundo piso de la pequeña casa. Allá arriba había sólo una estrecha oficina, llena de libros, objetos, estatuas de Santiago y recuerdos del Camino. Ella retiró un libro de un estante y se sentó tras la única mesa del lugar, dejándome en pie.

—Usted debe ser otro peregrino rumbo a Santiago —dijo, sin rodeos—. Necesito anotar su nombre en el cuaderno de los que hacen el Camino.

Le di mi nombre y ella quiso saber si yo había traído las "veneras". "Veneras" era el término que designaba a las grandes conchas llevadas como símbolo de la peregrinación hasta el túmulo del apóstol, y que servían para que los peregrinos se identificaran entre sí.[2] Antes de viajar a España yo había ido a un lugar de peregrinación en Brasil, Aparecida do Norte. Ahí

---

[2] La única marca que el Camino de Santiago dejó en la cultura francesa fue justamente el orgullo nacional, la gastronomía: *coquilles Saint-Jacques*.

había comprado una imagen de Nuestra Señora Aparecida sobre tres veneras. La saqué de la mochila y se la extendí a Madame Lourdes.

—Bonito, pero poco práctico —dijo ella, devolviéndome la imagen con las veneras—. Se puede quebrar durante el camino.

—No se quebrará. Y voy a dejarla sobre la tumba del apóstol.

Madame Lourdes no parecía tener mucho tiempo para atenderme. Me dio un pequeño carnet que me facilitaría el hospedaje en los monasterios, le puso un sello de Saint-Jean-Pied-de-Port para indicar dónde había yo iniciado la caminata y me dijo que podía partir, con la bendición de Dios.

—¿Pero dónde está mi guía? —pregunté.

—¿Qué guía? —respondió ella, un poco sorprendida, pero también con un brillo distinto en los ojos.

Percibí que me había olvidado de algo muy importante. En el afán de ser atendido pronto, no había pronunciado la Palabra Antigua —una especie de señal que identifica a quienes pertenecen o pertenecieron a las órdenes de la Tradición. Corregí mi error inmediatamente y le dije la Palabra. Con un gesto rápido, Madame Lourdes arrancó de mis manos el carnet que me había entregado minutos antes.

—No va a necesitar esto —dijo, mientras retiraba una pila de periódicos viejos de encima de una caja de cartón—. Su camino y su descanso dependen de las decisiones de su guía.

Madame Lourdes retiró de la caja un sombrero y un manto. Parecían prendas de ropa muy antiguas, pero estaban bien conservadas. Me pidió que me pusiera de pie en el centro de la sala y comenzó a rezar en silencio. Pude notar que tanto en el sombrero como en cada hombro del manto había veneras cosidas. Sin dejar de rezar, la vieja señora tomó un cayado de uno de los rincones de la oficina y me hizo sujetarlo con la mano derecha. En el cayado colgó una pequeña calabaza de agua. Ahí estaba yo: por debajo, bermudas de mezclilla y camiseta de I LOVE NY y, por arriba, el traje medieval de los peregrinos de Compostela.

La vieja se aproximó hasta quedar a dos palmos de distancia frente a mí. Entonces, en una especie de trance, colocando las manos abiertas sobre mi cabeza, dijo:

—Que el apóstol Santiago te acompañe y te muestre lo único que necesitas descubrir; que no andes ni demasiado despacio ni demasiado aprisa, pero siempre de acuerdo con las Leyes y las Necesidades del Camino; que obedezcas a aquel que va a guiarte, aun cuando te diera una orden homicida, blasfema o insensata. Tienes que jurar obediencia total a tu guía.

Yo juré.

—El Espíritu de los viejos peregrinos de la Tradición ha de acompañarte en la jornada. El sombrero te protege contra el sol y los malos pensamientos; el manto te protege contra la lluvia y las malas palabras; el cayado te protege contra los enemigos y las malas obras. La bendición de Dios, de Santiago y de la Virgen María te acompañe todas las noches y todos los días. Amén.

Dicho esto, volvió a su manera habitual: con un poco de prisa y cierto mal humor recogió las ropas, las guardó de nuevo en la caja, volvió a colocar el cayado con la calabaza en el rincón de la habitación, y después de enseñarme las palabras de contraseña, me pidió que me fuera ya, pues mi guía me estaba esperando a unos dos kilómetros de Saint-Jean-Pied-de-Port.

—Él detesta la banda de música —dijo ella—. Pero, incluso a dos kilómetros de distancia, debe estar escuchándola: los Pirineos son una excelente caja de resonancia.

Y, sin mayores comentarios, bajó las escaleras y se fue a la cocina, a atormentar un poco más al muchacho de los ojos tristes. En la salida pregunté qué debería hacer con el auto, y ella me dijo que le dejara las llaves, pues alguien vendría a buscarlo. Fui hasta el auto, saqué de la cajuela la pequeña mochila azul con un saco de dormir amarrado, guardé en su rincón más protegido la imagen de Nuestra Señora Aparecida con las conchas, me la puse a las espaldas y fui a darle las llaves a Madame Lourdes.

—Sal de la ciudad siguiendo esta calle hasta aquella puerta allá, al final de las murallas —me indicó—. Y, cuando llegues a Santiago de Compostela, reza un Ave María por mí. Yo ya recorrí muchas veces ese camino y ahora me conformo con leer en los ojos de los peregrinos la excitación que todavía siento, pero que ya no puedo poner en práctica a causa de mi edad. Cuéntale eso a Santiago. Y cuéntale también que a cualquier hora me estaré encontrando con él, por otro camino, más directo y menos cansado.

Salí de la pequeña ciudad atravesando las murallas por la Porte D'Espagne. En el pasado, ésta había sido la ruta preferida de los invasores romanos, y por aquí pasaron también los ejércitos de Carlomagno y de Napoleón. Seguí en silencio, escuchando a lo lejos la banda de música. Súbitamente, en las ruinas de un poblado cerca de Saint-Jean, me sentí invadido de una inmensa emoción y mis ojos se llenaron de agua: ahí, en aquellas ruinas, por primera vez me di cuenta de que mis pies estaban pisando el Extraño Camino de Santiago.

Rodeando el valle, los Pirineos, coloridos por la música de la banda y por el sol de aquella mañana, me daban la sensación de algo primitivo, algo que ya había sido olvidado por el género humano, pero que de ninguna manera lograba yo saber lo que era. Sin embargo, era una sensación extraña y fuerte, y decidí apresurar el paso y llegar lo más rápido posible al lugar donde Madame Lourdes dijera que el guía me esperaba. Sin parar de caminar, me quité la camiseta y la guardé en la mochila. Las asas comenzaron a lastimarme un poco los hombros desnudos, pero en compensación, mis viejos tenis eran tan suaves que no me causaban ninguna molestia. Después de casi cuarenta minutos, en una curva que rodeaba una gigantesca piedra, llegué al viejo pozo abandonado. Ahí, sentado en el suelo, un hombre de unos cincuenta años, de cabellos negros y aspecto gitano, rebuscaba en su mochila.

—Hola —dije, en español, con la misma timidez que sentía cada vez que era presentado a alguien—. Debes estar esperándome. Mi nombre es Paulo.

El hombre dejó de buscar en la mochila y me miró de arriba abajo. Su mirada era fría y no parecía sorprendido con mi llegada. Yo también tuve la vaga sensación de que lo conocía.

—Sí, te estaba esperando, pero no sabía que te encontraría tan pronto. ¿Qué quieres?

Me sentí un poco desconcertado con la pregunta, y respondí que era yo a quien él guiaría por la Vía Láctea en busca de la espada.

—No es necesario —dijo el hombre—. Si quieres, puedo encontrarla por ti. Pero decídelo ahora.

Esa conversación con el desconocido me parecía cada vez más extraña. Sin embargo, como había jurado obediencia completa, me preparé para responder. Si él podía encontrar la espada por mí, me ahorraría un tiempo enorme, y yo podría volver rápido a las personas y a los negocios en Brasil, que no salían de mi cabeza. Podía también ser un truco, pero no habría mal alguno en dar una respuesta.

Concluí decir que sí. Y, de repente, escuché, detrás de mí, una voz en español que decía, con un acento cargadísimo:

—No necesitamos subir una montaña para saber si es alta.

¡Era la contraseña! Miré hacia atrás y vi a un hombre de cuarenta años, bermudas caqui, camiseta blanca sudada, mirando fijamente al gitano. Tenía los cabellos grisáceos y la piel quemada por el sol. En mi prisa, me había olvidado de las reglas más elementales de protección y me había lanzado en cuerpo y alma en los brazos del primer desconocido que encontré.

—El barco está más seguro cuando está en el puerto, pero no fue para esto que los barcos fueron construidos —dije la contraseña. El hombre, mientras tanto, no desvió los ojos del gitano, ni el gitano desvió los ojos de él. Ambos se enfrentaron, sin miedo y sin valentía, por algunos minutos. Hasta que el gitano dejó la mochila en el suelo, esbozó una sonrisa desdeñosa y siguió en dirección a Saint-Jean-Pied-de-Port.

—Mi nombre es Petrus[3] —dijo el recién llegado, una vez que el gitano desapareció detrás de la inmensa piedra que yo había rodeado minutos antes—. Sé más cauteloso la próxima vez.

[3] En realidad, Petrus me dio su verdadero nombre, el cual está cambiado para proteger su privacidad. Por cierto, es uno de los raros casos de nombres cambiados en este libro.

Noté un tono simpático en su voz, diferente al tono del gitano y de la propia Madame Lourdes. Tomó la mochila del suelo y reparé que tenía una venera dibujada en la parte de atrás. Sacó de ella una botella de vino, bebió un trago y me la extendió. Mientras yo bebía, le pregunté quién era el gitano.

—Esta ruta es una ruta fronteriza, muy utilizada por contrabandistas y terroristas refugiados del País Vasco español —dijo Petrus—. La policía casi no viene por aquí.

—No me estás respondiendo. Ustedes dos se miraron como viejos conocidos. Y tengo la impresión de que también lo conozco, por eso fui tan precipitado.

Petrus soltó una risa y me pidió que comenzáramos a andar. Tomé mis cosas y tratamos de caminar en silencio. Pero por la risa de Petrus, yo sabía que él estaba pensando lo mismo que yo.

Nos habíamos encontrado con un demonio.

Caminamos en silencio durante cierto tiempo, y Madame Lourdes tenía toda la razón: incluso a casi tres kilómetros de distancia, todavía se escuchaba el sonido de la pequeña banda, que tocaba sin parar. Yo quería hacerle a Petrus muchas preguntas, sobre su vida, su trabajo y lo que le había traído a este lugar. Sabía, sin embargo, que teníamos todavía setecientos kilómetros para recorrerlos juntos y llegaría el momento adecuado de que todas esas preguntas fueran respondidas. Pero el gitano no se me salía de la cabeza, y terminé rompiendo el silencio.

—Petrus, creo que el gitano era un demonio.

—Sí, era un demonio —y, cuando confirmó esto, sentí una mezcla de terror y alivio—. Pero no es el demonio que conociste en la Tradición.

En la Tradición, un demonio es un espíritu que no es bueno ni malo, pero es considerado el guardián de la mayor parte de los secretos accesibles al hombre, y con fuerza y poder sobre las cosas materiales. Por ser un ángel caído, se identifica con la raza humana y está siempre dispuesto a pactos e intercambios de favores. Pregunté cuál era la diferencia entre el gitano y los demonios de la Tradición.

—Vamos a encontrar otros en el camino —rio él—. Te darás cuenta por ti mismo. Pero, para que tengas una idea, procura recordar toda tu conversación con el gitano.

Repasé las dos únicas frases que había intercambiado con él. El demonio había dicho que me estaba esperando y me propuso buscar la espada por mí.

Entonces Petrus me dijo que eran dos frases que cabrían perfectamente bien en la boca de un ladrón que es sorprendido en pleno robo: intentar ganar tiempo y conseguir favores, mientras traza rápidamente una ruta de escape. Por otro lado, las dos frases podían tener un sentido más profundo, o sea que las palabras estuvieran diciendo exactamente lo que pretendía decir.

—¿Cuál de las dos es correcta?

—Ambas son correctas. Aquel pobre ladrón, mientras se defendía, captó en el aire las palabras que necesitaban serte dichas. Pensó que estaba siendo inteligente y que estaba siendo el instrumento de una fuerza mayor. Si hubiera corrido cuando llegué, esta conversación sería innecesaria. Pero él me encaró, y yo leí en sus ojos el nombre de un demonio que encontrarás en el camino.

Para Petrus, el encuentro había sido un presagio favorable, ya que el demonio se había revelado demasiado pronto.

—Pero no te preocupes por él ahora, porque, como te dije antes, no será el único. Tal vez sea el más importante, pero no será el único.

Continuamos andando. La vegetación, antes un poco desértica, cambió a pequeños árboles desperdigados aquí y allá. Tal vez fuera mejor incluso seguir el consejo de Petrus y dejar que las cosas sucedieran por sí solas. De vez en cuando, él hacía algún comentario respecto de uno u otro hecho histórico ocurrido en los lugares por donde pasábamos. Vi la casa donde una reina había pernoctado la víspera de morir, y una capillita incrustada en las rocas, ermita de algún hombre santo que los raros habitantes de aquella área juraban ser capaz de hacer milagros.

—Los milagros son muy importantes, ¿no crees? —dijo él.

Respondí que sí, pero que jamás había visto un gran milagro. Mi aprendizaje en la Tradición había sido mucho más en el plano intelectual. Creía que, cuando recuperara la espada, ahí sí sería capaz de hacer las grandes cosas que el Maestro hacía.

—Y que no son milagros, porque no cambian las leyes de la naturaleza. Lo que hace el Maestro es utilizar esas fuerzas para…

No logré completar la frase, porque no hallaba ninguna razón para que el Maestro consiguiera materializar espíritus, cambiar objetos de lugar sin tocarlos y, como ya había visto más de una vez, abrir agujeros de cielo azul en tardes cubiertas de nubes.

—Tal vez lo haga para convencerte de que tiene el Conocimiento y el Poder —afirmó Petrus.

—Puede ser —respondí, sin mucha convicción.

Nos sentamos en una piedra, porque Petrus me dijo que detestaba fumar cigarrillos mientras caminaba. Según él, los pulmones absorbían mucha más nicotina, y el humo le causaba náuseas.

—Por eso el Maestro retiró la espada —dijo Petrus—. Porque tú no sabes la razón por la cual él realiza sus prodigios. Porque olvidaste que el camino del conocimiento es un camino abierto a todos los hombres, a las personas comunes. En nuestro viaje, te voy a enseñar algunos ejercicios y rituales conocidos como Las Prácticas de RAM. Cualquier persona, en algún momento de su existencia, ha tenido acceso por lo menos a una de ellas. Todas, sin excepción, pueden ser encontradas por alguien dispuesto a buscarlas, con paciencia y con perspicacia, en las propias lecciones que la vida nos enseña.

"Las Prácticas de RAM son tan simples que las personas como tú, acostumbradas a sofisticar demasiado la vida, muchas veces no les dan ningún valor. Pero son ellas, junto con otros tres conjuntos de prácticas, las que hacen que el hombre sea capaz de conseguir todo, absolutamente todo lo que desea.

"Jesús alabó a su Padre cuando sus discípulos comenzaron a realizar curas y milagros, y le agradeció que Él hubiera escondido esas cosas de los sabios, revelándolas a los hombres simples. A final de cuentas, si alguien cree en Dios, tiene que creer también que Dios es justo."

Petrus tenía toda la razón. Sería una injusticia divina permitir que sólo las personas instruidas, con tiempo y dinero para comprar libros caros, pudieran tener acceso al verdadero Conocimiento.

—El verdadero camino de la sabiduría puede ser identificado sólo por tres cosas —dijo Petrus—. Primero, tiene que tener Ágape, y de eso te hablaré más tarde; segundo, debe tener una aplicación práctica en la vida, si no la sabiduría se vuelve algo inútil y se oxida como una espada que nunca es utilizada. Y, finalmente, tiene que ser un camino que pueda ser recorrido por cualquiera. Como el que tú estás recorriendo ahora, el Camino de Santiago.

Anduvimos durante todo el resto de la tarde, y sólo cuando el sol comenzó a ocultarse tras las montañas Petrus resolvió parar de nuevo. A nuestro alrededor, los picos más altos de los Pirineos todavía brillaban con la luz de los últimos rayos del día.

Petrus me pidió que limpiara una pequeña área en el suelo y me arrodillara ahí.

—La primera Práctica de RAM es el acto de renacer. Tendrás que ejecutarla durante siete días seguidos, intentando experimentar de una manera diferente lo que fue tu primer contacto con el mundo. Tú sabes cuán difícil fue dejar todo y venir a recorrer el Camino de Santiago en busca de una espada, pero esa dificultad sólo existió porque estabas preso del pasado. Ya fuiste derrotado y tienes miedo de ser derrotado nuevamente; ya lograste algo y tienes miedo de volver a perderlo. Sin embargo, prevaleció algo más fuerte que todo eso: el deseo de encontrar tu espada. Y decidiste correr el riesgo.

Respondí que sí, pero que todavía seguía con las mismas preocupaciones a que él se había referido.

—No tiene importancia. Poco a poco el ejercicio te liberará de las cargas que tú mismo creaste en tu vida.

Y Petrus me enseñó la primera Práctica de RAM: EL EJERCI-
CIO DE LA SEMILLA.

—Hazlo ahora por primera vez —dijo.

Puse la cabeza entre mis rodillas, respiré profundo y comencé a relajarme. Mi cuerpo obedeció con docilidad, tal vez porque habíamos caminado mucho durante el día y yo debía estar
exhausto. Comencé a escuchar el barullo de la tierra, un sonido
sordo, ronco, y poco a poco me fui transformando en semilla.
No pensaba. Todo estaba oscuro y yo estaba adormecido en lo
profundo de la tierra. De repente, algo se movió. Era una parte de mí, una minúscula parte de mí que quería despertarme,
que decía que tenía que salir de ahí porque había otra cosa "allá
arriba". Yo pensaba en dormir y esa parte insistía. Comenzó por
mover mis dedos, y mis dedos fueron moviendo mis brazos, pero
no eran dedos ni brazos, sino un pequeño brote que luchaba por
vencer la resistencia de la tierra y caminar hacia la "cosa de allá
arriba". Sentí que el cuerpo comenzó a seguir el movimiento
de los brazos. Cada segundo parecía una eternidad, pero la semilla tenía una cosa "allá arriba" y necesitaba nacer, necesitaba
saber qué era. Con una inmensa dificultad, la cabeza, después
el cuerpo, comenzaron a levantarse. Todo era demasiado lento
y yo tenía que luchar contra la fuerza que me empujaba hacia
abajo, hacia el fondo de la tierra, donde antes estaba tranquilo y
durmiendo mi sueño eterno. Pero fui venciendo, fui venciendo
y, finalmente, rompí algo y ya estaba erguido. La fuerza que me
empujaba hacia abajo cesó de repente. Yo había roto la tierra y
estaba rodeado de "la cosa de allá arriba".

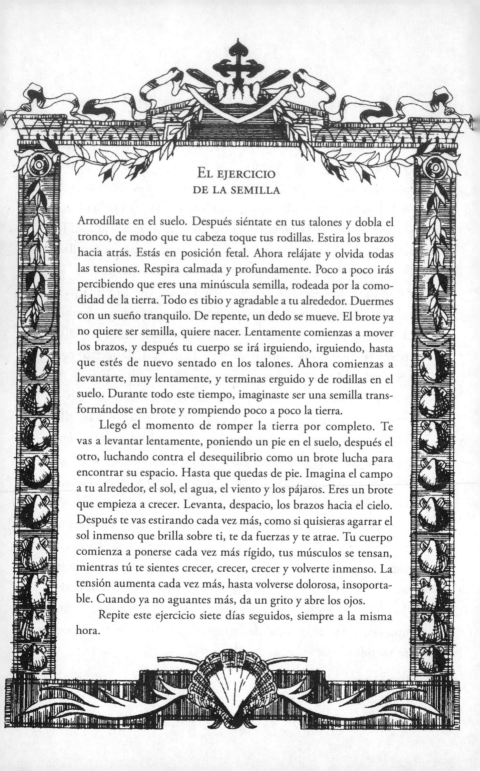

EL EJERCICIO
DE LA SEMILLA

Arrodíllate en el suelo. Después siéntate en tus talones y dobla el tronco, de modo que tu cabeza toque tus rodillas. Estira los brazos hacia atrás. Estás en posición fetal. Ahora relájate y olvida todas las tensiones. Respira calmada y profundamente. Poco a poco irás percibiendo que eres una minúscula semilla, rodeada por la comodidad de la tierra. Todo es tibio y agradable a tu alrededor. Duermes con un sueño tranquilo. De repente, un dedo se mueve. El brote ya no quiere ser semilla, quiere nacer. Lentamente comienzas a mover los brazos, y después tu cuerpo se irá irguiendo, irguiendo, hasta que estés de nuevo sentado en los talones. Ahora comienzas a levantarte, muy lentamente, y terminas erguido y de rodillas en el suelo. Durante todo este tiempo, imaginaste ser una semilla transformándose en brote y rompiendo poco a poco la tierra.

Llegó el momento de romper la tierra por completo. Te vas a levantar lentamente, poniendo un pie en el suelo, después el otro, luchando contra el desequilibrio como un brote lucha para encontrar su espacio. Hasta que quedas de pie. Imagina el campo a tu alrededor, el sol, el agua, el viento y los pájaros. Eres un brote que empieza a crecer. Levanta, despacio, los brazos hacia el cielo. Después te vas estirando cada vez más, como si quisieras agarrar el sol inmenso que brilla sobre ti, te da fuerzas y te atrae. Tu cuerpo comienza a ponerse cada vez más rígido, tus músculos se tensan, mientras tú te sientes crecer, crecer, crecer y volverte inmenso. La tensión aumenta cada vez más, hasta volverse dolorosa, insoportable. Cuando ya no aguantes más, da un grito y abre los ojos.

Repite este ejercicio siete días seguidos, siempre a la misma hora.

La "cosa allá arriba" era el campo. Sentí el calor del sol, el zumbido de los mosquitos, el murmullo de un río que corría a lo lejos. Me levanté despacio, los ojos cerrados, y pensaba en todo momento que me desequilibraría y volvería a la tierra, sin embargo seguía creciendo. Mis brazos se fueron abriendo y mi cuerpo se fue estirando. Ahí estaba yo, renaciendo, queriendo ser bañado por dentro y por fuera por aquel sol inmenso que brillaba y que me pedía crecer más, estirarme más, para abrazarlo con todas mis ramas. Fui tensando cada vez más los brazos, los músculos de todo mi cuerpo comenzaron a doler, y sentí que tenía mil metros de altura y que podía abrazar muchas montañas. Y el cuerpo se fue expandiendo, expandiendo, hasta que el dolor muscular se volvió tan intenso que no aguanté más y di un grito.

Abrí los ojos y Petrus estaba frente a mí, sonriendo y fumando un cigarrillo. La luz del día todavía no había desaparecido, pero me sorprendió percibir que no hacía el sol que yo había imaginado. Le pregunté si quería que le describiera las sensaciones y él me dijo que no.

—Esto es algo muy personal y debes guardarlo para ti mismo. ¿Cómo podría yo juzgarlo? Esas vivencias son tuyas, no mías.

Petrus dijo que dormiríamos ahí mismo. Hicimos una pequeña fogata, bebimos lo que restaba de la botella de vino y yo preparé algunos sándwiches con un *patê de foie gras* que había comprado antes de llegar a Saint-Jean. Petrus fue al riachuelo que corría cerca y trajo algunos pescados, que asó en la hoguera. Después, cada quien se acostó en su saco de dormir.

Dentro de las grandes sensaciones que he experimentado en la vida, no puedo olvidar aquella primera noche en el Camino de

Santiago. Hacía frío a pesar del verano, pero yo todavía tenía en la boca el gusto del vino que Petrus había traído. Miré al cielo y la Vía Láctea se extendía sobre mí, mostrando el inmenso camino que debíamos cruzar. Antes, esa inmensidad me hubiera dado una gran angustia, un miedo terrible de que no sería capaz de lograrlo, de que era demasiado pequeño para eso. Pero hoy yo era una semilla y había nacido de nuevo. Había descubierto que, a pesar de la comodidad de la tierra, y del sueño que dormía, la vida "allá arriba" era mucho más bella. Y que yo podía nacer siempre, cuantas veces quisiera, hasta que mis brazos fueran lo bastante grandes como para abrazar la tierra de donde había venido.

EL CREADOR Y LA CRIATURA

Caminamos por los Pirineos por seis días, subiendo y bajando montañas; Petrus me pedía que realizara el ejercicio de la semilla cada vez que los rayos del sol iluminaban sólo los picos más altos. Al tercer día de caminata, un hito de cemento pintado de amarillo indicaba que habíamos cruzado la frontera y que, a partir de ahí, nuestros pies estaban pisando tierra española. Poco a poco, Petrus comenzó a soltar algunas cosas de su vida privada; descubrí que era italiano y que trabajaba en diseño industrial.[4] Le pregunté si no estaba preocupado por las muchas cosas que debía haberse visto forzado a dejar para guiar a un peregrino en busca de su espada.

—Quiero explicarte una cosa —respondió—. No te estoy guiando hasta tu espada. A ti te toca única y exclusivamente encontrarla. Yo estoy aquí para conducirte a través del Camino

---

[4] Colin Wilson afirma que no existen coincidencias en este mundo, y más de una vez pude confirmar la veracidad de esa afirmación. Cierta tarde estaba hojeando algunas revistas en el vestíbulo del hotel donde me hospedé en Madrid, cuando llamó mi atención un reportaje sobre el Premio Príncipe de Asturias, porque un periodista brasileño, Roberto Marinho, había sido uno de los agraciados. Al prestar más atención a la foto del banquete, sin embargo, me llevé un susto: en una de las mesas, elegante en su smoking, estaba Petrus, descrito en el pie de grabado como "uno de los más famosos diseñadores europeos del momento".

de Santiago y enseñarte las Prácticas de RAM. Cómo aplicarás esto para encontrar tu espada, es tu problema.

—No respondiste mi pregunta.

—Cuando viajas, estás experimentando el acto de renacer de una manera muy práctica. Estás ante situaciones completamente nuevas, el día pasa más despacio y la mayor parte de las veces no comprendes el idioma que hablan las personas. Exactamente como una criatura que acaba de salir del vientre materno. Con eso, comienzas a dar mucha más importancia a las cosas que te rodean, porque de ellas depende tu supervivencia. Te vuelves más accesible con las personas, porque ellas podrán ayudarte en situaciones difíciles. Y recibes con gran alegría cualquier pequeño favor de los dioses, como si aquello fuera un episodio a ser recordado por el resto de la vida.

"Al mismo tiempo, como todas las cosas son nuevas, distingues sólo su belleza y te sientes más feliz de estar vivo. Por eso la peregrinación religiosa siempre fue una de las formas más objetivas de lograr llegar a la iluminación. La manera de corregir el pecado es caminando siempre hacia adelante, adaptándote a las situaciones nuevas y recibiendo a cambio todas las miles de bendiciones que la vida da con generosidad a quienes le piden. ¿Piensas que yo podría estar preocupado con media docena de proyectos que dejé de realizar para estar aquí contigo?"

Petrus miró a su alrededor y yo acompañé sus ojos. En lo alto de una montaña pastaban algunas cabras. Una de ellas, más atrevida, estaba sobre una pequeña saliente de roca altísima y yo no entendía cómo había llegado ahí ni cómo podría salir. Pero, en el momento en que lo pensé, la cabra saltó y, tocando en puntos invisibles a mis ojos, volvió junto a sus compañeras. Todo a nuestro alrededor reflejaba una paz nerviosa, la paz de un mundo que todavía tenía mucho que crear y crecer, y que sabía que para eso era preciso continuar caminando, siempre caminando. Aun cuando un gran terremoto o una tormenta asesina dieran a veces la sensación de que la naturaleza era cruel, percibí que estas eran las vicisitudes del camino. También la naturaleza viajaba en busca de iluminación.

—Estoy muy contento de estar aquí —dijo Petrus—. Porque el trabajo que dejé de realizar ya no cuenta, y los trabajos que realizaré después de esto serán mucho mejores.

Cuando leí la obra de Carlos Castaneda, deseé mucho encontrar al Don Juan, el viejo brujo indio. Viendo a Petrus mirar las montañas, me pareció estar con alguien muy similar.

En la tarde del séptimo día llegamos a lo alto de un monte, después de atravesar un bosque de pinos. Carlomagno había orado ahí por primera vez en suelo español, y un monumento antiguo pedía en latín que, debido a ese hecho, todos rezaran un *Salve Regina*. Hicimos lo que el monumento pedía. Después Petrus hizo que yo realizara el ejercicio de la semilla por última vez.

Hacía mucho viento y el ambiente estaba frío. Argumenté que todavía era temprano —debían ser, como máximo, las tres de la tarde—, pero él respondió que no discutiera e hiciera exactamente lo que me ordenaba.

Me arrodillé en el suelo y comencé a realizar el ejercicio. Todo transcurrió normalmente hasta el momento en que extendí los brazos y comencé a imaginar el sol. Cuando llegué a ese punto, con el sol gigantesco brillando en mi frente, sentí que estaba entrando en un gran éxtasis. Mis recuerdos de hombre comenzaron a apagarse lentamente y ya no estaba realizando un ejercicio, me había convertido en un árbol. Estaba feliz y contento con eso. El sol brillaba y giraba en torno a sí mismo, lo que no había ocurrido ninguna de las veces anteriores. Me quedé ahí, las ramas extendidas, las hojas sacudidas por el viento, sin querer salir jamás de esa posición. Hasta que algo me golpeó y todo se puso oscuro por un fracción de segundo.

Abrí inmediatamente los ojos. Petrus me había dado una bofetada en el rostro y me sujetaba por los hombros.

—¡No olvides tus objetivos! —dijo, con rabia—. ¡No olvides que todavía tienes mucho que aprender antes de encontrar tu espada!

Me senté en el suelo, temblando a causa del viento helado.

—¿Esto pasa siempre? —pregunté.

—Casi siempre —dijo él—. Principalmente con personas como tú, que se fascinan con los detalles y olvidan lo que buscan.

Petrus sacó un suéter de la mochila y se lo puso. Yo me puse mi camiseta de repuesto sobre la de I LOVE NY; nunca hubiera pensado que, en un verano que los periódicos habían calificado como "el más caliente de la década", hiciera tanto frío. Las dos camisetas ayudaron a cortar el viento, pero le pedí a Petrus que camináramos más rápido, para que yo pudiera calentarme.

Ahora el camino era un descenso muy fácil. Pensé que el exagerado frío que sentía era porque nos habíamos alimentado muy frugalmente, comiendo sólo peces y frutas silvestres.[5] Él dijo que

---

[5] Hay una fruta roja, cuyo nombre no sé, que hoy en día me causa repugnancia de tanto que la comí en el pasaje de los Pirineos.

no, y explicó que el frío era porque habíamos alcanzado el punto más alto de la caminata en las montañas.

No habíamos andado más de quinientos metros cuando, en una curva del camino, el mundo cambió de repente. Una gigantesca planicie ondulada se extendía frente a nosotros. Y a la izquierda, en el camino de bajada, a menos de doscientos metros de nosotros, nos esperaba un lindo pueblito, con sus chimeneas echando humo.

Comencé a andar más rápido, pero Petrus me detuvo.

—Creo que es el mejor momento de enseñarte la segunda Práctica de RAM —dijo, sentándose en el suelo y sugiriendo con un gesto que yo hiciera lo mismo.

Me sentí molesto. La visión de la pequeña ciudad con sus chimeneas humeantes me había perturbado bastante. De repente me di cuenta de que hacía una semana que estábamos en medio del monte, sin ver a nadie, durmiendo a la intemperie y caminando todo el día. Mis cigarrillos se habían acabado y me había visto obligado a fumar el horrible tabaco enrollado que Petrus utilizaba. Dormir dentro de un saco y comer pescados sin condimentar eran cosas que me gustaban mucho cuando tenía veinte años, pero que ahí, en el Camino de Santiago, exigían mucha resignación. Esperé impaciente a que Petrus acabara de preparar y fumar su cigarrillo en silencio, mientras soñaba con el calor de una copa de vino en el bar que podía ver, a menos de cinco minutos de caminata.

Petrus, bien abrigado con su suéter, estaba tranquilo y miraba distraído la inmensa planicie.

—¿Qué tal la travesía por los Pirineos? —preguntó, después de algún tiempo.

—Muy buena —respondí, sin querer prolongar la conversación.

—Debe haber sido realmente muy buena, porque tardamos seis días para hacer lo que puede ser hecho en sólo uno.

No creí lo que estaba diciendo. Él tomó el mapa y me mostró la distancia: diecisiete kilómetros. Incluso andando despacio debido a las subidas y bajadas, ese camino podía haber sido cubierto en seis horas.

—Estás tan obsesionado en llegar a tu espada que olvidaste lo más importante: es necesario caminar hasta ella. Mirando fijamente a Santiago —que no puedes ver de aquí—, no reparaste en que pasamos por determinados lugares cuatro o cinco veces seguidas, sólo que en ángulos diferentes.

Ahora que Petrus hablaba, comencé a darme cuenta de que el monte Itchasheguy, el más alto de la región, a veces estaba a mi derecha y a veces a mi izquierda. Incluso habiendo reparado en eso en una ocasión, no había llegado a la única conclusión posible: habíamos ido y vuelto muchas veces.

—Lo único que hice fue utilizar rutas diferentes, aprovechando las sendas abiertas en el monte por los contrabandistas. Pero aun así, tenías que haberlo percibido. Eso pasó porque tu acto de caminar no existía. Sólo existía tu deseo de llegar.

—¿Y si lo hubiera percibido?

—Habríamos tardado los siete días de todas formas, porque así lo determinan las Prácticas de RAM. Pero, por lo menos, habrías aprovechado los Pirineos de otra manera.

Yo estaba tan sorprendido que me olvidé un poco del frío y del pueblito.

—Cuando se viaja en dirección a un objetivo —dijo Petrus—, es muy importante prestar atención al Camino. El Camino siempre nos enseña la mejor manera de llegar, y nos enriquece mientras lo estamos cruzando. Comparado con una relación sexual, yo diría que son las caricias preliminares las que determinan la intensidad del orgasmo. Cualquiera lo sabe.

"Es lo mismo cuando se tiene un objetivo en la vida. Puede ser mejor o peor, dependiendo del camino que escogemos para alcanzarlo y de la manera en que cruzamos ese camino. Por eso, la segunda Práctica de RAM es tan importante: sacar, de aquello que estamos acostumbrados a mirar todos los días, los secretos que, debido a la rutina, no logramos ver."

Y Petrus me enseñó EL EJERCICIO DE LA VELOCIDAD.

—En las ciudades, en medio de los quehaceres diarios, este ejercicio debe ser realizado en veinte minutos. Pero como estamos cruzando el Extraño Camino de Santiago, vamos a tardar una hora para llegar a la población.

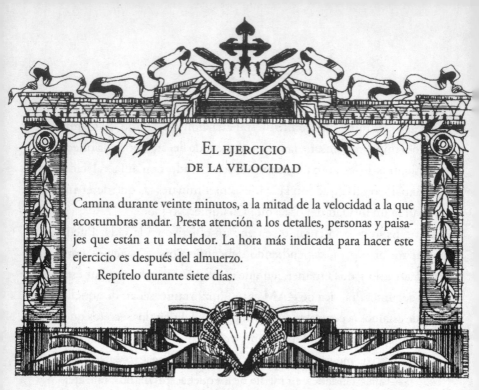

EL EJERCICIO
DE LA VELOCIDAD

Camina durante veinte minutos, a la mitad de la velocidad a la que acostumbras andar. Presta atención a los detalles, personas y paisajes que están a tu alrededor. La hora más indicada para hacer este ejercicio es después del almuerzo.

Repítelo durante siete días.

El frío, del que ya me había olvidado, volvió y yo miré a Petrus con impaciencia. Pero él no prestó atención: se levantó, tomó su mochila y comenzamos a caminar aquellos doscientos metros con una lentitud desesperante.

Al principio yo tenía la vista fija sólo en la taberna, un pequeño, antiguo edificio de dos pisos, con un letrero de madera colgado encima de la puerta. Estábamos tan cerca que hasta podía leer la fecha en que fuera construido: 1652. Nos movíamos, pero parecía que no habíamos salido del lugar. Petrus ponía un pie delante del otro con la máxima lentitud, y yo lo imitaba. Saqué el reloj de la mochila y me lo puse en la muñeca.

—Así va a ser peor —dijo él—, porque el tiempo no es algo que corre siempre al mismo ritmo. Somos nosotros quienes determinamos el ritmo del tiempo.

Comencé a mirar el reloj a toda hora y pensé que él tenía razón. Cuanto más miraba, más costaba que pasaran los minutos. Decidí seguir su consejo y guardé el reloj en la bolsa. Procuré prestar atención al paisaje, a la planicie, a las piedras que mis zapatos pisaban, pero en todo momento miraba la taberna, y me convencía de que no me había movido del lugar. Pensé en contarme a mí mismo algunas historias mentalmente, pero ese ejercicio me estaba poniendo tan nervioso que no podía concentrarme. Cuando no resistí y saqué de nuevo el reloj de la bolsa, habían transcurrido apenas once minutos.

—No conviertas este ejercicio en una tortura, porque no fue hecho para eso —dijo Petrus—. Procura obtener placer de una velocidad a la cual no estás acostumbrado. Cambiando la forma de realizar las cosas rutinarias, permites que un hombre nuevo crezca dentro de ti. Pero en fin, tú eres quien decide.

La gentileza de la frase final me calmó un poco. Si era yo quien decidía qué hacer, entonces era mejor sacar provecho de la situación. Respiré profundo y evité pensar. Desperté en mí un estado extraño, como si el tiempo fuera algo distante y que no me interesara. Me fui calmando cada vez más y comencé a mirar con otros ojos las cosas que me rodeaban. La imaginación, que estaba rebelde mientras yo estaba tenso, empezó a funcionar a mi favor. Miraba el pueblito frente a mí y comenzaba a crear toda una historia respecto a él: cómo había sido construido, los peregrinos que por ahí pasaban, la alegría de encontrar gente y hospedaje después del viento frío de los Pirineos. En determinado momento, creí ver en el pueblo una presencia fuerte, misteriosa y sabia. Mi imaginación llenó la planicie de caballeros y combates. Podía ver sus espadas reluciendo al sol y escuchar sus gritos de guerra. El pueblito ya no era sólo un lugar para calentar el alma con vino y el cuerpo con un cobertor: era un marco histórico, una obra de hombres heroicos, que lo habían dejado todo para instalarse en aquellos yermos parajes. El mundo estaba ahí, rodeándome, y percibí que raras veces le había prestado atención.

Cuando me di cuenta, estábamos a la puerta de la taberna y Petrus me invitó a entrar.

—Yo pago el vino —dijo—. Y vamos a dormir temprano, porque mañana necesito presentarte a un gran brujo.

Dormí con un sueño pesado y sin sueños. Cuando el día comenzó a extenderse por las dos únicas calles del pueblito de Roncesvalles, Petrus tocó la puerta de mi cuarto. Estábamos hospedados en el piso superior de la taberna, que también servía de hotel.

Tomamos café negro, pan con aceite y salimos. Una neblina densa planeaba sobre el lugar. Percibí que Roncesvalles no era exactamente un pueblito, como yo había pensado al principio; en la época de las grandes peregrinaciones por el Camino, había sido el monasterio más poderoso de la región, con injerencia directa en territorios que llegaban hasta la frontera con Navarra. Y todavía conservaba esos trazos: sus escasos edificios formaban parte de un colegio de religiosos. La única construcción de características "laicas" era la taberna donde estuvimos hospedados.

Caminamos por la neblina y entramos en la Iglesia Colegial. Ahí adentro, ataviados de blanco, varios sacerdotes rezaban en conjunto la primera misa de la mañana. Percibí que era incapaz de entender una palabra, pues la misa estaba siendo rezada en vasco. Petrus se sentó en uno de los bancos más apartados y pidió que me quedara a su lado.

La iglesia era inmensa, llena de objetos de arte de valor incalculable. Petrus me explicó en voz baja que había sido construida con donaciones de reyes y reinas de Portugal, España, Francia y Alemania, en un sitio previamente marcado por el emperador Carlomagno. En el altar mayor, la Virgen de Roncesvalles, toda de plata maciza y con el rostro hecho de maderas preciosas, tenía en las manos un ramo de flores hecho de pedrería. El olor del incienso, la construcción gótica y los sacerdotes vestidos de blanco, sus cánticos, comenzaron a ponerme en un estado muy semejante a los trances que yo experimentaba durante los rituales de la Tradición.

—¿Y el brujo? —pregunté, recordando de lo que Petrus me había dicho la tarde anterior.

Petrus señaló con un gesto de cabeza a un sacerdote de mediana edad, delgado y de lentes, sentado junto con otros monjes en los largos bancos que flanqueaban el altar mayor. ¡Un brujo y al mismo tiempo un sacerdote! Deseé que la misa acabara pronto, pero como Petrus me había dicho el día anterior, somos nosotros los que determinamos el ritmo del tiempo: mi ansiedad hizo que la ceremonia religiosa demorara más de una hora.

Cuando la misa terminó, Petrus me dejó solo en el banco y se retiró por la puerta por donde los sacerdotes habían salido. Me quedé algún tiempo observando la iglesia, sintiendo que debía hacer algún tipo de oración, pero no pude concentrarme en nada. Las imágenes parecían distantes, presas de un pasado que no volvería más, como jamás volvería la época de oro del Camino de Santiago.

Petrus apareció en la puerta y, sin decir palabra, me hizo señas de que lo siguiera.

Llegamos a un jardín interior del convento, rodeado de un porche de piedra. En el centro del jardín había una fuente y, sentado en su borde, nos esperaba el padre de lentes.

—Padre Jordi, éste es el peregrino —dijo Petrus, presentándome.

El sacerdote me extendió la mano y yo lo saludé. Nadie dijo nada más. Me quedé esperando que algo ocurriera, pero sólo escuchaba el sonido de gallos cantando a lo lejos y de gavilanes saliendo en busca de caza. El padre me miraba inexpresivo, una mirada muy parecida a la de Madame Lourdes después de que yo hubiera pronunciado la Palabra Antigua.

Finalmente, después de un silencio largo y opresivo, el Padre Jordi habló:

—Parece que recorriste los grados de la Tradición demasiado pronto, mi querido.

Respondí que ya tenía treinta y ocho años, y que había tenido éxito en todas las ordalías.[6]

—Menos en una, la última y la más importante —dijo él, que seguía observándome con su mirada inexpresiva—. Y, sin ésa, todo lo que aprendiste no significa nada.

—Por eso estoy haciendo el Camino de Santiago.

---

[6] Las ordalías son las pruebas rituales en las que vale no sólo la dedicación del discípulo, sino los presagios que surgen durante su ejecución. El término se originó en la época del Santo Oficio (Inquisición).

—Que no es garantía de nada. Ven conmigo.

Petrus permaneció en el jardín y yo seguí al Padre Jordi. Cruzamos los claustros, pasamos por el sitio donde estaba enterrado un rey —Sancho el fuerte— y fuimos a parar en una pequeña capilla, retirada del grupo de edificios principales que componían el monasterio de Roncesvalles.

Ahí adentro no había casi nada. Sólo una mesa, un libro y una espada. Pero no era la mía.

El Padre Jordi tomó asiento detrás de la mesa, dejándome de pie. Después tomó algunas hierbas y atizó el fuego, llenando el ambiente de perfume. Cada vez más, la situación me recordaba el encuentro con Madame Lourdes.

—Primero te voy a dar una alerta —dijo el Padre Jordi—. La Ruta Jacobea es sólo uno de los cuatro caminos. Es el Camino de Espadas. Él puede traerte Poder, pero esto no es suficiente.

—¿Cuáles son los otros tres?

—Tú conoces por lo menos dos más: el Camino de Jerusalén, que es el Camino de Copas, o del Grial, que te traerá la capacidad de hacer milagros; y el Camino de Roma, el Camino de Bastos, que te permite la comunicación con otros mundos.

—Falta el Camino de Oros, para completar los cuatro palos de la baraja —bromeé. Y el Padre Jordi rio.

—Exactamente. Éste es el camino secreto y que, si algún día lo realizas, no podrás contárselo a nadie. Pero dejemos eso de lado. ¿Dónde están tus veneras?

Abrí la mochila y saqué las conchas con la imagen de Nuestra Señora Aparecida. Él las puso sobre la mesa. Extendió las manos sobre ellas y comenzó a concentrarse. Me pidió que hiciera lo mismo. El perfume en el aire era cada vez más intenso. Tanto el padre como yo teníamos los ojos abiertos, y de repente pude percibir que estaba ocurriendo el mismo fenómeno que había visto en Itatiaia: las conchas brillaban con una luz que no iluminaba. El brillo se fue haciendo cada vez más intenso, y escuché una voz misteriosa, salida de la garganta del Padre Jordi:

—Donde estuviera tu tesoro, ahí estará tu corazón.

Era una frase de la Biblia. Mas la voz continuó:

—Y donde estuviera tu corazón, ahí estará la cuna de la Segunda Venida de Cristo; como estas conchas, el peregrino de la Ruta Jacobea es solamente la cáscara. Rompiéndose la cáscara, que es de Vida, aparece la Vida, que está hecha de Ágape.

Quitó las manos y las conchas dejaron de brillar. Después escribió mi nombre en un libro que estaba encima de la mesa. En todo el Camino de Santiago, sólo vi tres libros donde mi nombre fue escrito: el de Madame Lourdes, el del Padre Jordi y el libro del Poder, donde más tarde yo mismo escribiría mi nombre.

—Está terminado —dijo él—. Puedes partir con la bendición de la Virgen de Roncesvalles y de Santiago de la Espada.

—La Ruta Jacobea está marcada con puntos amarillos, pintados a través de toda España —dijo el padre, mientras volvíamos al lugar donde Petrus se había quedado—. Si en algún momento te pierdes, busca esas marcas, en los árboles, en las piedras, en los hitos de señalización, y serás capaz de encontrar un lugar seguro.

—Tengo un buen guía.

—Pero cuenta, principalmente, contigo mismo. Para no andar yendo y viniendo durante seis días por los Pirineos.

Entonces el padre ya sabía la historia.

Llegamos con Petrus y nos despedimos. Salimos de Roncesvalles todavía de mañana, y la neblina ya había desaparecido por completo. Un camino recto y plano se extendía frente a nosotros y comencé a reparar en las marcas amarillas que el Padre Jordi había descrito. La mochila estaba un poco más pesada, porque había comprado una botella de vino en la taberna, a pesar de que Petrus me dijo que esto no era necesario. A partir de Roncesvalles, centenares de pueblitos se irían extendiendo por el camino y pocas veces dormiríamos a la intemperie.

—Petrus, el Padre Jordi habló de la Segunda Venida de Cristo como si fuese algo que ya estuviera sucediendo.

—Y está sucediendo siempre. Éste es el secreto de tu espada.

—Además, dijiste que me encontraría con un brujo y me encontré con un sacerdote. ¿Qué tiene que ver la Magia con la Iglesia Católica?

Petrus dijo una sola palabra:

—Todo.

La crueldad

—Ahí, exactamente en ese lugar, el Amor fue asesinado —dijo el viejo campesino, señalando a una pequeña ermita enclavada en las rocas.

Habíamos caminado durante cinco días seguidos, parando sólo para comer y dormir. Petrus seguía siendo bastante reservado sobre su vida personal, pero indagaba mucho sobre Brasil y sobre mi trabajo. Dijo que le gustaba mucho mi país, porque la imagen que más conocía era la del Cristo Redentor en Corcovado, de brazos abiertos, y no torturado en una cruz. Quería saber todo y a cada paso preguntaba si las mujeres eran tan bonitas como las de aquí. El calor durante el día era casi insoportable, y en todos los bares y pueblitos a los que llegábamos las personas se quejaban de la sequía. A causa del calor, dejamos de andar entre las dos y las cuatro de la tarde, cuando el sol estaba más caliente, y nos adaptamos a la costumbre española de la siesta.

Aquella tarde, mientras descansábamos en medio de una plantación de olivos, un viejo campesino se había aproximado y nos ofreció un trago de vino. Aun con el calor, el hábito del vino formaba parte hacía siglos de la vida de los habitantes de aquella región.

—¿Y por qué el Amor fue asesinado ahí? —pregunté, ya que el viejo estaba queriendo entablar una conversación.

—Hace muchos siglos, Felicia de Aquitania, una princesa que hacía el Camino de Santiago, decidió renunciar a todo y quedarse a vivir aquí, cuando volvió de Compostela. Era el verdadero Amor, porque repartió sus bienes entre los pobres de la región y cuidaba de los enfermos.

Petrus había encendido su horrible tabaco enrollado, pero a pesar de su aire indiferente, percibí que estaba prestando atención a la historia del viejo.

—Entonces su hermano, el duque Guillermo, fue enviado por su padre para llevarla de vuelta —continuó él—, pero Felicia se rehusó. Desesperado, el duque la apuñaló dentro de la pequeña ermita que puede ver a lo lejos, y que ella construyó con sus propias manos, para cuidar a los pobres y loar a Dios.

"Después de que cayó en cuenta de lo que había hecho, el duque fue a Roma a pedir perdón al Papa. Como penitencia, el pontífice lo obligó a peregrinar hasta Compostela. Fue entonces que ocurrió algo curioso: de vuelta, al llegar aquí, sintió el mismo impulso y se quedó a vivir en la ermita que la hermana había construido, cuidando de los pobres hasta los últimos días de su larga vida."

—Esa es la ley del retorno —dijo Petrus, sonriendo.

El campesino no entendió el comentario, pero yo sabía exactamente de lo que estaba hablando. Mientras andábamos, nos habíamos enfrascado en largas discusiones teológicas sobre la relación de Dios con los hombres. Yo había argumentado que en la Tradición existe siempre un involucramiento con Dios, pero el camino era completamente distinto del que estábamos siguiendo en la Ruta Jacobea, con sacerdotes brujos, gitanos endemoniados y santos milagreros. Todo aquello me parecía muy primitivo, demasiado ligado al cristianismo y sin la fascinación y el éxtasis que los Rituales de la Tradición eran capaces de provocar en mí. Petrus siempre decía que el Camino de Santiago es un camino por donde cualquier persona puede pasar, y sólo un camino de ese tipo puede llevar a Dios.

—Tú crees que Dios existe y yo también lo creo —había dicho Petrus—. Entonces, Dios existe para nosotros. Pero si alguien no cree en Él, Él no deja de existir, ni por eso la persona que no cree está equivocada.

—¿Entonces Dios está supeditado al deseo y al poder del hombre?

—Cierta vez tuve un amigo que vivía ebrio, pero que rezaba todas las noches tres avemarías porque su madre lo había condicionado así desde pequeño. Incluso cuando llegaba a casa en la mayor embriaguez, incluso sin creer en Dios, mi amigo siempre rezaba las tres avemarías. Cuando murió, en un Ritual de la Tradición pregunté al espíritu de los Antiguos dónde estaba mi amigo. El espíritu de los Antiguos respondió que él estaba muy bien, rodeado de luz. Sin haber tenido fe durante su vida, su obra, que consistía apenas en tres oraciones rezadas por obligación y automáticamente, lo había salvado.

"Dios ya estaba presente en las cavernas y en los truenos de nuestros antepasados: cuando el hombre descubrió que esas cosas eran fenómenos naturales, Dios comenzó a habitar en algunos animales y bosques sagrados. Hubo una época en la que sólo existió en las catacumbas de las grandes ciudades de la Historia Antigua. Pero durante todo ese tiempo, no dejó de fluir en el corazón del hombre bajo la forma de Amor.

"Hoy en día Dios es sólo un concepto, casi probado científicamente. Pero, cuando llega a ese punto, la Historia da una vuelta y todo comienza de nuevo. La Ley del Retorno. Cuando el Padre Jordi citó la frase de Cristo, diciendo que donde estuviera tu tesoro estaría también tu corazón, se estaba refiriendo exactamente a esto. Donde desees ver la cara de Dios, la verás. Y, si no quieres verla, esto no hace la mínima diferencia, siempre que tu obra sea buena. Cuando Felicia de Aquitania construyó la ermita y comenzó a ayudar a los pobres, ella se olvidó del Dios del Vaticano y lo manifestó en su forma más sabia y primitiva: el Amor. En este punto, el campesino tiene toda la razón en decir que el Amor fue asesinado."

El campesino, por cierto, estaba a disgusto, incapaz de seguir nuestra conversación.

—La Ley del Retorno funcionó cuando el hermano de Felicia fue forzado a continuar la obra que había interrumpido. Todo está permitido, menos interrumpir una manifestación de Amor. Cuando esto sucede, quien intentó destruir es obligado a reconstruir.

Expliqué que en mi país la Ley del Retorno decía que las deformidades y enfermedades de los hombres eran castigos por errores cometidos en reencarnaciones pasadas.

—Tonterías —dijo Petrus—. Dios no es venganza, Dios es Amor. Su único castigo consiste en obligar a alguien que interrumpió una obra de Amor, a continuarla.

El campesino se disculpó, diciendo que se hacía tarde y que debía volver al trabajo. Petrus pensó que era un buen pretexto para levantarnos y continuar la caminata.

—Esto es hablar en balde —dijo, mientras seguíamos por el camino de olivos—. Dios está en todo lo que nos rodea y debe ser presentido, vivido. Aquí estoy intentando transformarlo en un problema de lógica para que tú comprendas. Sigue haciendo el ejercicio de andar despacio y tomarás conocimiento, cada vez más, de Su presencia.

Dos días después tuvimos que subir un monte llamado Alto del Perdón. El ascenso demoró varias horas, y cuando llegamos a la cima, vi una escena que me chocó: un grupo de turistas, con el radio del auto a todo volumen, tomaba baños de sol y bebía cerveza. Habían aprovechado un camino vecinal que llevaba hasta lo alto del monte.

—Así es —dijo Petrus—. ¿O creías que encontrarías aquí arriba a uno de los guerreros de El Cid vigilando el próximo ataque de los moros?

Mientras bajábamos, realicé por última vez el ejercicio de la velocidad. Estábamos ante otra más de esas planicies inmensas, flanqueada por montes azulados y con una vegetación rastrera quemada por la sequía. Casi no había árboles, sólo un terreno pedregoso con algunos espinos. Al final del ejercicio, Petrus me preguntó algo sobre mi trabajo, y sólo entonces me di cuenta de que hacía mucho tiempo que no pensaba en eso. Mis preocupaciones por los negocios, por lo que había dejado de hacer, ya prácticamente no existían. Sólo recordaba esas cosas por la noche, y aun así no les daba demasiada importancia. Estaba contento de estar ahí, haciendo el Camino de Santiago.

—Cualquier hora de éstas vas hacer lo que Felicia de Aquitania —bromeó Petrus cuando le comenté lo que estaba sintiendo. Después se detuvo y me pidió que dejara la mochila en el suelo.

—Mira a tu alrededor y fija la vista en un punto cualquiera —dijo.

Escogí la cruz de una iglesia que podía ver a lo lejos.

—Mantén tus ojos fijos en ese punto, y trata de concentrarte sólo en lo que te voy a decir. Aunque sientas algo diferente, no te distraigas. Haz lo que te digo.

Me quedé en pie, relajado, con los ojos fijos en la torre, mientras que Petrus se colocó detrás de mí y apoyó un dedo en la base de mi nuca.

—El camino que estás haciendo es el camino del Poder, y sólo te serán enseñados los ejercicios de Poder. El viaje, que antes era una tortura para ti porque todo lo que querías era llegar, ahora comienza a transformarse en placer, en el placer de la búsqueda y de la aventura. Con eso estás alimentando algo muy importante, que son tus sueños.

"El hombre nunca puede dejar de soñar. El sueño es el alimento del alma, como la comida es el alimento del cuerpo. Muchas veces, en nuestra existencia, vemos nuestros sueños deshechos y nuestros deseos frustrados, pero es preciso seguir soñando, si no nuestra alma muere y Ágape no penetra en ella. Ya mucha sangre ha corrido en el campo ante tus ojos, y ahí se libraron algunas de las batallas más crueles de la Reconquista. Quién tenía la razón, o la verdad, no tiene importancia: lo importante es saber que ambos lados estaban librando el Buen Combate.

"El Buen Combate es aquel que se libra porque nuestro corazón lo pide. En las épocas heroicas, en el tiempo de los caballeros andantes, eso era fácil: había mucha tierra para conquistar y muchas cosas que hacer. Pero hoy en día el mundo ha cambiado mucho y el Buen Combate fue transportado de los campos de batalla al interior de nosotros mismos.

"El Buen Combate es aquel que se libra en nombre de nuestros sueños. Cuando explotan en nosotros con toda su fuerza, en la juventud, tenemos mucho valor, pero todavía no aprendemos a luchar. Después de mucho esfuerzo, terminamos por aprender a luchar, y entonces ya no tenemos el mismo coraje para combatir. Por eso nos volteamos contra nosotros mismos y nos combatimos, y nos convertimos en nuestro peor enemigo. Decimos que nuestros sueños eran infantiles, difíciles de realizar, o el fruto de nuestro desconocimiento de las realidades de la vida. Matamos nuestros sueños porque tenemos miedo de librar el Buen Combate."

La presión del dedo de Petrus en mi nuca se volvió más intensa. Pensé que la torre de la iglesia se transformaba, el contorno de la cruz parecía un hombre con alas. Un ángel. Parpadeé y la cruz volvió a ser lo que era.

—El primer síntoma de que estamos matando a nuestros sueños es la falta de tiempo —continuó Petrus—. Las personas más ocupadas que conocí en la vida siempre tenían tiempo para todo. Las que nada hacían estaban siempre cansadas, no terminaban el poco trabajo que debían realizar y se quejaban constantemente de que el día era demasiado corto. En realidad, tenían miedo de librar el Buen Combate.

"El segundo síntoma de la muerte de nuestros sueños son nuestras certezas. Porque no queremos mirar la vida como una gran aventura a ser vivida, pasamos a juzgarnos sabios, justos y correctos por lo poco que le pedimos a la existencia. Miramos más allá de las murallas del día a día y escuchamos el ruido de lanzas que se quiebran, el olor del sudor y de la pólvora, las grandes caídas y las miradas sedientas de conquista de los guerreros. Pero nunca percibimos la alegría, la inmensa Alegría que está en el corazón de quien lucha, porque para ellos no importan ni la victoria ni la derrota, sólo importa librar el Buen Combate.

"Finalmente, el tercer síntoma de la muerte de nuestros sueños es la paz. La vida pasa a ser una tarde de domingo, sin pedirnos grandes cosas y sin exigirnos más de lo que queremos dar. Creemos entonces que estamos maduros, hacemos a un lado las fantasías de la infancia y conseguimos nuestra realización personal y profesional. Nos sorprendemos cuando alguien de nuestra edad dice querer todavía esto o aquello de la vida. Pero en realidad, en lo más íntimo de nuestro corazón, sabemos que lo que pasó fue que renunciamos a la lucha por nuestros sueños, a librar el Buen Combate."

La torre de la iglesia se transformaba a cada momento y en su lugar parecía surgir un ángel con las alas abiertas. Por más que parpadeara, la figura seguía ahí. Tuve ganas de decírselo a Petrus, pero sentí que él todavía no había acabado.

—Cuando renunciamos a nuestros sueños y encontramos la paz —dijo, después de algún tiempo—, tenemos un pequeño periodo de tranquilidad. Pero los sueños muertos comienzan a pudrirse dentro de nosotros y a infestar todo el ambiente en que vivimos. Comenzamos a volvernos crueles con quienes nos rodean y, finalmente, dirigimos esa crueldad contra nosotros mismos. Surgen las enfermedades y las psicosis. Lo que queríamos evitar en el combate, la decepción y la derrota, pasa a ser el único legado de nuestra cobardía. Y, un bello día, los sueños muertos y putrefactos vuelven el aire difícil de respirar y comenzamos a desear la muerte, la muerte que nos libere de nuestras certezas, de nuestras ocupaciones y de la terrible paz de las tardes de domingo.

Ahora yo tenía la certeza de que estaba viendo a un ángel, y ya no pude seguir las palabras de Petrus. Él debe haberlo percibido, pues quitó el dedo de mi nuca y dejó de hablar. La imagen del ángel permaneció por algunos instantes y después desapareció. En su lugar surgió nuevamente la torre de la iglesia.

Nos quedamos en silencio por algunos minutos. Petrus lio un cigarrillo y comenzó a fumar. Yo saqué la botella de vino de la mochila y bebí un trago. Estaba caliente, pero el sabor seguía siendo el mismo.

—¿Qué viste? —preguntó él.

Le conté la historia del ángel. Dije que al principio, cuando parpadeaba, la imagen desaparecía.

—Tú también tienes que aprender a librar el Buen Combate. Ya aprendiste a aceptar las aventuras y desafíos de la vida, pero sigues queriendo negar lo extraordinario.

Petrus sacó un pequeño objeto de su mochila y me lo entregó. Era un alfiler de oro.

—Esto es un regalo de mi abuelo. En la Orden de RAM, todos los Antiguos poseían un objeto como este. Se llama "El Punto de la Crueldad". Cuando viste el ángel aparecer en la torre de la iglesia, quisiste negarlo. Porque no era una cosa a la cual estuvieras acostumbrado. En tu visión del mundo, las iglesias son iglesias y las visiones sólo pueden presentarse en los éxtasis provocados por los Rituales de la Tradición.

Respondí que la visión debía haber sido un efecto de la presión que él ejercía en mi nuca.

—Tienes razón, pero eso no cambia nada. El hecho es que rechazaste la visión. Felicia de Aquitania debe haber visto algo semejante, y apostó toda su vida a lo que vio: el resultado es que transformó su obra en Amor. Lo mismo debe haber sucedido con su hermano. Y lo mismo sucede con todo el mundo, todos los días: vemos siempre el mejor camino a seguir, pero sólo andamos por el camino al que estamos acostumbrados.

Petrus echó a andar, y yo lo seguí. Los rayos del sol hacían brillar el alfiler en mi mano.

—La única manera de salvar nuestros sueños es ser generosos con nosotros mismos. Cualquier intento de autocastigo, por más sutil que sea, debe ser tratado con rigor. Para saber cuándo estamos siendo crueles con nosotros mismos, tenemos que transformar en dolor físico cualquier intento de dolor espiritual, como culpa, remordimiento, indecisión, cobardía. Transformando un dolor espiritual en dolor físico, sabremos el mal que aquél nos puede causar.

Y Petrus me enseñó EL EJERCICIO DE LA CRUELDAD.

—Antiguamente, ellos usaban un alfiler de oro para esto —dijo él—. Hoy en día las cosas cambiaron, como cambian los paisajes en el Camino de Santiago.

Petrus tenía razón. Vista de abajo, la planicie parecía una serie de montes frente a mí.

—Piensa en algo cruel que hiciste contigo mismo y realiza el ejercicio.

No podía acordarme de nada.

—Siempre es así. Sólo logramos ser generosos con nosotros mismos en las pocas horas que necesitamos severidad.

De repente recordé que me había juzgado un idiota por subir el Alto del Perdón con tanta dificultad, mientras que aquellos turistas habían conseguido el camino más fácil. Sabía que no era verdad, que estaba siendo cruel conmigo mismo; los turistas estaban en busca del sol y yo estaba en busca de mi espada. Yo no era un idiota ni podía sentirme como tal. Clavé con fuerza la uña del índice en la raíz de la uña del pulgar. Sentí un dolor intenso y, mientras me concentraba en el dolor, la sensación de que era un idiota pasó.

Se lo comenté a Petrus y él se rio sin decir nada.

EL EJERCICIO DE LA CRUELDAD

Cada vez que un pensamiento que tú creas dañino te pase por la mente —celos, autocompasión, sufrimientos de amor, envidia, odio, etcétera— procede de la siguiente manera:

Clava la uña del índice en la raíz de la uña del pulgar, hasta que el dolor sea muy intenso. Concéntrate en el dolor: él está reflejando en el campo físico el mismo sufrimiento que estás teniendo en el campo espiritual. Sólo afloja la presión cuando el pensamiento salga de tu mente.

Repítelo cuantas veces sea necesario, aunque sea una tras otra, hasta que el pensamiento te abandone. Cada vez, el pensamiento volverá más espaciadamente, y desaparecerá por completo, siempre que no dejes de clavar la uña cuando vuelva.

Aquella noche nos quedamos en un confortable hotel del poblado cuya iglesia había visto de lejos. Después de cenar, decidimos dar un paseo por las calles, para hacer la digestión.

—De todas las formas que el hombre encontró para hacerse mal a sí mismo, la peor de ellas fue el Amor. Siempre estamos sufriendo por alguien que no nos ama, por alguien que nos dejó, por alguien que no nos quiere dejar. Si estamos solteros, es porque nadie nos quiere; si estamos casados, transformamos el matrimonio en esclavitud. Qué cosa terrible —terminó, de mal humor.

Llegamos frente a una pequeña plaza, donde estaba la iglesia que yo había visto. Era pequeña, sin grandes sofisticaciones arquitectónicas, y su campanario se elevaba hacia el cielo. Intenté ver de nuevo el ángel, y no lo conseguí.

Petrus observó la cruz en lo alto. Pensé que estaba viendo el ángel, pero no; pronto comenzó a hablar conmigo.

—Cuando el Hijo del Padre descendió a la Tierra, trajo consigo el Amor. Pero como la humanidad sólo consigue entender el amor con sufrimiento y sacrificio, terminaron por crucificarlo. Si no hubiera sido así, nadie creería en su amor, ya que todos estaban acostumbrados a sufrir diariamente con sus propias pasiones.

Nos sentamos en el bordillo y seguimos mirando la iglesia. De nuevo fue Petrus quien rompió el silencio.

—¿Sabes lo que quiere decir Barrabás, Paulo? *Bar* quiere decir hijo, y *Abba* quiere decir padre.

Él miraba fijamente la cruz del campanario. Sus ojos brillaban, y sentí que estaba poseído por alguna cosa, tal vez por ese amor del cual hablaba tanto, pero que yo no lograba entender bien.

—¡Qué sabios son los designios de la gloria divina! —dijo, haciendo que su voz lanzara ecos por la plaza vacía—. Cuando Pilatos pidió que el pueblo escogiera, en realidad no tenía mucha opción. Mostró a un hombre flagelado, despedazado, y a otro hombre de cabeza erguida, Barrabás, el revolucionario. Dios sabía que el pueblo enviaría al más débil a la muerte, para que él pudiera probar su amor.

Y concluyó:

—Y, sin embargo, fuera cual fuera la elección, sería el Hijo del Padre quien terminaría siendo crucificado.

El mensajero

"Y aquí, todos los caminos de Santiago se transforman en uno solo."

Era muy tempranito en la mañana cuando llegamos a Puente La Reina. La frase estaba escrita en la base de una estatua, un peregrino en traje medieval, con sombrero de tres picos, capa, veneras y cayado con una calabaza en la mano, y recordaba la epopeya de una virgen ya casi olvidada, que Petrus y yo estábamos reviviendo ahora.

Habíamos pasado la noche anterior en uno de los muchos conventos que se extendían por todo el Camino. El Hermano Portero, que nos había recibido, nos advirtió que no podíamos intercambiar ni una palabra dentro de los muros de la abadía. Un fraile joven nos condujo a cada uno a su alcoba, donde había estrictamente lo necesario: una cama dura, sábanas viejas pero limpias, una jarra de agua y una jofaina para la higiene personal. No había cañerías ni agua caliente, y el horario de las refecciones estaba marcado detrás de la puerta.

A la hora indicada bajamos al refectorio. Debido al voto de silencio, los monjes se comunicaban sólo con miradas, y tuve la impresión de que sus ojos brillaban más que los de una persona común. La cena fue servida temprano, en las largas mesas donde nos habíamos sentado con los monjes de hábitos color marrón. Desde donde estaba, Petrus me hizo una señal y entendí perfectamente lo que quería decir: estaba loco por encender un cigarrillo, pero por lo visto pasaría la noche entera sin satisfacer su deseo. Lo mismo me pasaba a mí, y clavé una uña en la raíz del pulgar, ya casi en carne viva. El momento era demasiado bello para cometer ninguna crueldad conmigo mismo.

La cena fue servida: sopa de verduras, pan, pescado y vino. Todos rezaron y nosotros acompañamos la plegaria. Después, mientras comíamos, un monje lector recitaba con voz monótona fragmentos de una epístola de Pablo.

—Dios escogió las cosas locas del mundo para avergonzar a los sabios, y escogió las cosas débiles del mundo para humillar a los fuertes —decía el monje, con su voz aguda y sin inflexiones—. Estamos locos a causa de Cristo. Hasta ahora llegamos a ser considerados la basura del mundo, la escoria de todos. Sin embargo, el Reino de Dios consiste no en palabras, sino en Poder.

Las amonestaciones de Pablo a los Corintios resonaron durante toda la cena por las paredes desnudas del refectorio.

Entramos en Puente La Reina conversando sobre los monjes de la noche anterior. Le confesé a Petrus que había fumado a escondidas en mi cuarto, muerto de miedo de que alguien sintiera el olor de tabaco. Él rio y me di cuenta que debía haber hecho lo mismo.

—San Juan Bautista fue al desierto, pero Jesús se unió a los pecadores y vivía viajando —dijo—. Lo prefiero así.

De hecho, fuera del tiempo pasado en el desierto, el resto de la vida de Cristo fue entre los hombres.

—Incluso, su primer milagro no fue salvar el alma de alguien, ni curar una enfermedad o expulsar a un demonio; fue transformar el agua en un vino excelente en una boda, porque la bebida del dueño de la casa se había terminado.

Cuando acabó de decir esto, se detuvo de repente. Su movimiento fue tan brusco que me detuve también, asustado. Estábamos ante el puente que da nombre a la pequeña ciudad. Sin embargo, Petrus no miraba el camino que teníamos que cruzar. Sus ojos estaban fijos en dos niños que jugaban con una pelota de goma en la orilla del río. Debían tener entre ocho y diez años y parecían no haber notado nuestra presencia. En vez de cruzar el puente, Petrus descendió por el barranco y llegó cerca de los muchachos. Yo, como siempre, lo seguí sin preguntar nada.

Los niños continuaron ignorando nuestra presencia. Petrus se sentó y se quedó observando el juego, hasta que la pelota cayó cerca de donde él estaba. Con un movimiento rápido, tomó la bola y me la lanzó.

Atrapé la pelota de goma en el aire y esperé lo que iría a suceder.

Uno de los chicos, que parecía mayor, se acercó. Mi primer impulso fue devolverle la bola, pero el comportamiento de Petrus había sido tan extravagante que decidí averiguar lo que estaba pasando.

—Deme la bola, mozo —dijo el muchacho.

Miré aquella pequeña figura, a dos metros de mí. Percibí que había algo familiar en el chico, el mismo sentimiento que tuviera cuando encontré al gitano.

El muchacho insistió algunas veces y, viendo que yo no respondía, se inclinó y agarró una piedra.

—Me da la bola o le arrojo esta piedra —dijo.

Petrus y el otro niño me observaban en silencio. La agresividad del muchacho me irritó.

—Tira la piedra —respondí—. Si me aciertas, voy hasta ti y te doy una zurra.

Sentí que Petrus respiró aliviado. Algo comenzaba a querer surgir en los subterráneos de mi mente. Tenía la nítida sensación de que ya había vivido aquella escena.

El muchacho se asustó con mis palabras. Soltó la piedra en el suelo e intentó otra manera.

—Aquí en Puente La Reina existe un relicario que perteneció a un peregrino muy rico. Veo por la concha y por sus mochilas que ustedes también son peregrinos. Si me devuelve mi pelota, yo le doy ese relicario. Está escondido en la arena, aquí en las márgenes del río.

—Yo quiero la pelota —respondí, sin mucha convicción. En realidad, lo que quería era el relicario. El muchacho parecía estar diciendo la verdad. Pero tal vez Petrus necesitaba la pelota para algo, y no podía decepcionarlo; él era mi guía.

—Mozo, usted no necesita esa pelota —dijo el chico, casi con lágrimas en los ojos—. Usted es fuerte y viajado, y conoce el mundo. Yo sólo conozco las márgenes de este río y mi único juguete es esa pelota. Devuélvamela, por favor.

Las palabras del muchacho tocaron fondo en mi corazón. Pero el ambiente, extrañamente familiar, la sensación de que ya había leído o vivido esa situación, me hizo resistir una vez más.

—No. Yo necesito esta pelota. Te voy a dar dinero para que compres otra, más bonita que ésta, pero ésta es mía.

Cuando terminé de decir esto, el tiempo pareció detenerse. El paisaje a mi alrededor se transformó, sin que Petrus estuviera presionando su dedo en la base de mi nuca: por una fracción de segundo, parecía que habíamos sido transportados a un vasto y aterrador desierto gris. Ahí no estaban ni Petrus ni el otro muchacho, sólo yo y el niño frente a mí. Él era mayor, tenía facciones simpáticas y amigables, pero en sus ojos brillaba algo que me daba miedo.

La visión no duró más de un segundo. Al momento siguiente estaba de vuelta en Puente La Reina, donde los muchos caminos de Santiago, venidos de diversos puntos de Europa, se transformaban en uno solo. Frente a mí, un niño pedía una pelota y tenía una mirada dulce y triste.

Petrus se aproximó, me quitó la bola de la mano y se la devolvió al chico.

—¿Dónde está el relicario escondido? —le pregunté al niño.

—¿Qué relicario? —respondió el chico, mientras agarraba a su amigo de la mano y corría lejos de nosotros, lanzándose al agua.

Subimos de nuevo el barranco y finalmente cruzamos el puente. Comencé a hacer preguntas sobre lo que había ocurrido, hablé de la visión del desierto, pero Petrus cambió el tema y dijo que platicaríamos sobre eso cuando estuviéramos un poco más lejos de ahí.

Media hora después llegamos a un trecho del camino que todavía conservaba vestigios del pavimento romano. Ahí había otro puente, en ruinas, y nos sentamos para tomar el desayuno que los monjes nos habían dado: pan de centeno, yogur y queso de cabra.

—¿Para qué querías la pelota del muchacho? —preguntó Petrus.

Respondí que no quería la bola. Que había actuado así porque él, Petrus, se había comportado de forma extraña. Como si la pelota fuera algo muy importante para él.

—Y de hecho lo era. Hizo que entablaras un contacto victorioso con tu demonio personal.

¿Mi demonio personal? Yo no había oído semejante absurdo en toda aquella caminata. Había pasado seis días yendo y viniendo por los Pirineos, conocido a un sacerdote brujo que no había hecho ninguna brujería, y mi dedo estaba en carne viva porque, siempre que pensaba alguna cosa cruel con respecto a mí mismo —hipocondría, sentimiento de culpa, complejo de inferioridad—, estaba obligado a clavar mi uña en la herida. En este punto, Petrus tenía razón: los pensamientos negativos disminuyeron considerablemente. Pero esa historia del demonio personal era algo de lo que nunca había oído hablar antes. Y que no me tragaría con mucha facilidad.

—Hoy, antes de cruzar el puente, sentí intensamente la presencia de alguien, intentando darnos un aviso. Pero el aviso era más para ti que para mí. Una lucha se aproxima rápidamente y necesitas librar el Buen Combate.

"Cuando no se conoce el demonio personal, él acostumbra manifestarse en la persona más próxima. Miré alrededor y vi a los chicos jugando; deduje que era ahí donde él debería dar su aviso. Pero yo estaba apostándole apenas a una latida. Sólo tuve la certeza de que era tu demonio personal cuando te rehusaste a devolverle la pelota."

Le dije que había actuado así porque pensaba que era eso lo que él quería.

—¿Por qué yo? En ningún momento dije nada.

Comencé a sentirme un poco tonto. Tal vez fuera la comida, que yo estaba devorando vorazmente después de casi una hora caminando en ayunas. Al mismo tiempo, la sensación de que el chico me era familiar no me salía de la mente.

—Tu demonio personal intentó las tres formas clásicas: con una amenaza, con una promesa y con tu lado más débil. Felicidades, resististe valientemente.

Ahora recordaba que Petrus había preguntado al muchacho sobre el relicario. En ese momento yo había pensado que el chico había intentado engañarme. Pero sí debía existir un relicario escondido ahí, un demonio nunca hacía falsas promesas.

—Cuando el chico ya no pudo acordarse del relicario, fue porque tu demonio personal ya se había ido.

Y dijo, sin pestañear:

—Es hora de llamarlo de regreso. Vas a necesitar de él.

Estábamos sentados en el viejo puente en ruinas. Petrus reunió cuidadosamente los restos de la comida, guardando todo dentro de una bolsa de papel que los monjes nos habían dado. En el campo frente a nosotros, los trabajadores comenzaban a llegar para la labor, pero estaban tan distantes que no podía escuchar lo que decían. El terreno era todo ondulado y las tierras cultivadas formaban misteriosos dibujos en el paisaje. A nuestros pies, el curso de agua, casi muerto por la sequía, no hacía mucho ruido.

—Antes de salir por el mundo, Cristo fue a conversar con su demonio personal en el desierto —comenzó Petrus—. Aprendió lo que necesitaba saber sobre el hombre, pero no dejó que el demonio dictara las reglas del juego, y de esta manera lo venció.

"Cierta vez, un poeta dijo que ningún hombre es una isla. Para librar el Buen Combate, necesitamos ayuda. Necesitamos amigos, y cuando los amigos no están cerca, tenemos que transformar la soledad en nuestra arma principal. Todo lo que nos rodea puede servir de ayuda para dar los pasos que necesitamos hacia nuestro objetivo. Todo tiene que ser una manifestación personal de nuestra voluntad de vencer en el Buen Combate. Sin esto, sin percibir que necesitamos de todos y de todo, seremos guerreros arrogantes. Y nuestra arrogancia nos derrotará al final, porque vamos a estar de tal manera seguros de nosotros mismos, que no seremos capaces de percibir las trampas en el campo de batalla."

La historia de guerreros y combates me recordó una vez más al Don Juan, de Carlos Castaneda. Me pregunté si el viejo brujo indio acostumbraba dar lecciones por la mañana, antes de que su discípulo pudiera digerir el desayuno. Pero Petrus continuó:

—Además de las fuerzas físicas que nos rodean y nos ayudan, existen básicamente dos fuerzas espirituales a nuestro lado: un ángel y un demonio. El ángel nos protege siempre, y esto es un don divino, no es necesario invocarlo. La cara de tu ángel está siempre visible cuando ves el mundo con buenos ojos. Él es este riachuelo, los trabajadores del campo, este cielo azul. Aquel viejo puente que nos ayuda a atravesar el agua, y que fue puesto ahí por manos anónimas de legionarios romanos, también ahí está la cara de tu ángel. Nuestros abuelos lo conocían como ángel guardián, ángel de la guarda, ángel custodio.

"El demonio también es un ángel, pero es una fuerza libre, rebelde. Prefiero llamarlo Mensajero, ya que es el eslabón principal entre el mundo y tú. En la Antigüedad estaba representado por Mercurio, por Hermes Trismegisto, el Mensajero de los dioses. Su actuación es sólo en el plano material. Está presente en el oro de la iglesia, porque el oro viene de la tierra y la tierra es su dominio. Está presente en nuestro trabajo y en nuestra relación con el dinero. Cuando lo dejamos suelto, tiende a dispersarse. Cuando lo exorcizamos, perdemos todo lo bueno que él siempre tiene para enseñarnos, pues conoce mucho del mundo y de los hombres. Cuando nos fascinamos con su poder, nos posee y nos aparta del Buen Combate.

"Por lo tanto, la única manera de lidiar con nuestro Mensajero es aceptándolo como amigo. Escuchando sus consejos, pidiendo su ayuda cuando es necesario, pero sin dejar jamás que dicte las reglas. Como lo hiciste con el muchacho. Para esto, es preciso, primero, que sepas lo que quieres y, después, que conozcas su cara y su nombre."

—¿Cómo voy a saber eso? —pregunté.

Y Petrus me enseñó el RITUAL DEL MENSAJERO.

—Realízalo durante la noche, porque así es más fácil. Hoy, en su primer encuentro, él te revelará su nombre. Este nombre es secreto y jamás debe ser conocido por nadie, ni por mí. Quien supiera el nombre de tu Mensajero puede destruirte.

Petrus se levantó y comenzamos a caminar. En poco tiempo llegamos al campo donde los labradores trabajaban la tierra.

Intercambiamos con ellos algunos "buenos días", y seguimos nuestro camino.

—Si tuviera que utilizar una imagen, diría que el ángel es tu armadura y el Mensajero, tu espada. Una armadura protege en cualquier circunstancia, pero una espada puede caer a mitad de un combate, matar a un amigo o voltearse contra su propio dueño. Por cierto, una espada sirve para casi todo, menos para sentarse encima de ella —dijo, soltando una sonora carcajada.

EL RITUAL
DEL MENSAJERO

1. Siéntate y relájate completamente. Deja que tu mente vague por donde quiera, el pensamiento fluyendo sin control. Después de algún tiempo, comienza a repetir para ti mismo: "Ahora estoy relajado y mis ojos duermen el sueño del mundo".

2. Cuando sientas que tu mente ya no se preocupa por nada, imagina una columna de fuego a tu derecha. Haz que las llamas permanezcan vivas, brillantes. Entonces di en voz baja: "Ordeno que mi subconsciente se manifieste. Él se abre para mí y revela sus secretos mágicos". Aguarda un poco, concentrándote sólo en la columna de fuego. Si surgiera alguna imagen, será una manifestación de tu subconsciente. Procura guardarla.

3. Manteniendo siempre la columna de fuego a tu derecha, comienza ahora a imaginar otra columna de fuego a tu izquierda. Cuando las llamas estén bien vivas, di en voz baja las siguientes palabras: "Que la fuerza del Cordero, que se manifiesta en todo y en todos, se manifieste también en mí mientras invoco a mi Mensajero. (Nombre del Mensajero) aparecerá ante mí ahora".

4. Conversa con tu Mensajero, que deberá manifestarse entre las dos columnas. Discute con él tu problema específico, pídele consejos y dale las órdenes necesarias.

5. Cuando la conversación termine, despide al Mensajero con las siguientes palabras: "Agradezco al Cordero el milagro que realicé. Que (nombre del Mensajero) vuelva siempre que fuera invocado y, mientras estuviera distante, me esté ayudando a realizar mi obra".

Nota: En la primera invocación —o en las primeras invocaciones, dependiendo de la capacidad de concentración de quien esté realizando el Ritual— no se dice el nombre del Mensajero. Sólo se dice "Él". Si el Ritual está bien ejecutado, el Mensajero debe revelar de inmediato su nombre a través de la telepatía. En caso contrario, insiste hasta conseguir saber este nombre, y sólo a partir de ahí comienza las conversaciones. Cuanto más sea repetido el Ritual, más fuerte será la presencia del Mensajero y más rápidas serán sus acciones.

Paramos en una aldea para almorzar, y el muchacho que nos atendía estaba visiblemente de mal humor. No respondía a nuestras preguntas, puso la comida en la mesa de cualquier manera, y al final consiguió derramar un poco de café en las bermudas de Petrus. Entonces vi transformarse a mi guía: enfurecido, llamó al dueño y despotricaba contra la falta de educación del chico. Terminó yendo al baño a ponerse sus bermudas de repuesto, mientras el dueño lavaba la mancha de café y extendía la prenda para que se secara.

Mientras esperábamos que el sol de las dos de la tarde cumpliera su papel en las bermudas de Petrus, yo pensaba en todo lo que habíamos conversado en la mañana. Es verdad que la mayor parte de las cosas que Petrus dijera sobre el chico encajaban. Además, yo había tenido la visión de un desierto y de un rostro. Pero aquella historia del Mensajero me parecía muy primitiva. Estábamos en pleno siglo XX, y los conceptos de infierno, de pecado y de demonio ya no tenían el menor sentido para cualquier persona un poquito más inteligente. En la Tradición, cuyas enseñanzas yo había seguido durante mucho más tiempo que el Camino de Santiago, el Mensajero, llamado el mismo demonio, sin prejuicios, era un espíritu que dominaba las fuerzas de la Tierra y que estaba siempre a favor del hombre. Era muy utilizado en Operaciones Mágicas, pero nunca como un aliado y consejero para las cosas diarias. Petrus me había dado a entender que yo podría utilizar la amistad del Mensajero para mejorar en el trabajo y en el mundo. Además de profana, la idea me parecía infantil.

Pero le había jurado obediencia total a Madame Lourdes. Y más de una vez tuve que clavar la uña en la raíz del pulgar, en carne viva.

—No debería haberme exaltado —dijo Petrus, después que salimos—. A final de cuentas, él no derramó la taza sobre mí, sino sobre el mundo que lo odia. Sabe que existe un mundo gigantesco más allá de las fronteras de su propia imaginación y su participación en ese mundo se restringe a despertar temprano, ir a la panadería, servir a quien pase y masturbarse de noche, soñando con mujeres que nunca conocerá.

Era hora de detenernos para la siesta, pero Petrus decidió seguir caminando. Dijo que era una forma de hacer penitencia por su intolerancia. Yo, que no había hecho nada, tuve que acompañarlo bajo aquel fuerte sol. Pensaba en el Buen Combate y en los millones de personas que, en ese instante, estaban esparcidas por el planeta haciendo cosas que no les gustaban. El ejercicio de la crueldad, aunque me dejara el dedo en carne viva, me estaba haciendo mucho bien. Esa práctica me ayudó a percibir qué tan traicionera podía ser mi mente, empujarme hacia cosas que no quería y a sentimientos que no me ayudaban. En ese momento, rogué porque Petrus tuviera razón: porque realmente existiera un Mensajero con quien pudiera hablar de cosas prácticas y pedirle ayuda en los asuntos del mundo. Estaba ansioso porque llegara la noche.

Mientras tanto, Petrus no paraba de hablar sobre el muchacho. Al final, terminó convenciéndose de que había actuado bien, y utilizó para esto, una vez más, un argumento cristiano.

—Cristo perdonó a la mujer adúltera, pero maldijo a la higuera que no quiso darle un higo. Yo tampoco estoy aquí para ser siempre bueno.

Listo. En su mente, el asunto estaba resuelto. De nuevo, la Biblia lo había salvado.

Llegamos a Estella casi a las nueve de la noche. Tomé un baño y bajamos a cenar. El autor de la primera guía de la Ruta Jacobea, Aymeric Picaud, describió a Estella como "un lugar fértil y de buen pan, óptimo vino, carne y pescado. Su río Ega tiene el agua dulce, sabe muy buena". No bebí el agua del río, pero, en cuanto a la mesa, Picaud seguía teniendo razón, incluso después de ocho siglos. Nos sirvieron pierna de carnero guisada, corazones de alcachofa y un vino Rioja de óptima cosecha. Nos quedamos a la mesa por largo tiempo, conversando de trivialidades y saboreando el vino. Finalmente, Petrus dijo que era una buena hora para que yo tuviera mi primer contacto con el Mensajero.

Nos levantamos y comenzamos a caminar por las calles de la ciudad. Algunos callejones daban directamente al río —a la manera de Venecia—, y fue en uno de esos callejones que decidí sentarme. Petrus sabía que de ahí en adelante sería yo quien condujera la ceremonia, y se quedó un poco atrás.

Estuve mirando al río por mucho tiempo. Sus aguas, su barullo, comenzaron a desligarme del mundo y a inspirarme una profunda calma. Cerré los ojos e imaginé la primera columna de fuego. Hubo un momento de cierta dificultad, pero terminó apareciendo.

Dije las palabras rituales y otra columna surgió a mi lado izquierdo. El espacio entre las dos columnas, iluminado por el fuego, estaba completamente vacío. Estuve durante algún tiempo con los ojos fijos en ese espacio, procurando no pensar, para que el Mensajero se manifestara. Pero, en vez de eso, comenzaron a aparecer escenas exóticas: la entrada de una pirámide, una mujer vestida de oro puro, algunos hombres negros danzando alrededor de una fogata. Las imágenes iban y venían en rápida sucesión, y yo dejé que fluyeran sin ningún control. Aparecieron también muchos trechos del Camino que yo había hecho con Petrus. Paisajes, restaurantes, bosques. Hasta que, sin previo aviso, el desierto gris que viera en la mañana se extendió entre las dos columnas de fuego. Y allá, mirándome, estaba el hombre simpático con un brillo traicionero en los ojos.

Él rio y yo sonreí en medio de mi trance. Me mostró una bolsa cerrada, después la abrió y miró dentro de ella, pero, en la posición en la que estaba, no pude ver nada. Entonces un nombre me vino a la mente: Astrain.[7] Comencé a mentalizar ese nombre y a vibrarlo entre las dos columnas de fuego, y el Mensajero hizo una señal afirmativa con la cabeza; yo había descubierto cómo se llamaba.

Era el momento de terminar el ejercicio. Dije las palabras rituales y extinguí las columnas de fuego, primero la de la izquierda, después la de la derecha. Abrí los ojos y el río Ega estaba ante mí.

—Fue mucho menos difícil de lo que imaginaba —le dije a Petrus, después de contarle todo lo que había pasado entre las columnas.

—Éste fue tu primer contacto. Un contacto de reconocimiento mutuo y de mutua amistad. La conversación con el Mensajero será productiva si lo invocas todos los días, discutiendo con él tus problemas y sabiendo distinguir perfectamente lo que es ayuda real de lo que es una trampa. Mantén siempre tu espada empuñada cuando te encuentres con él.

---

[7] Nombre falso.

—Pero yo no tengo espada todavía —respondí.

—Por eso, él podrá causarte muy poco daño. Aun así, es bueno no facilitarle las cosas.

El Ritual había terminado; me despedí de Petrus y volví al hotel. Bajo las sábanas, pensaba en el pobre muchacho que nos sirvió el almuerzo. Tenía ganas de volver, de enseñarle el Ritual del Mensajero y decirle que todo podía cambiar si él así lo quisiera. Pero era inútil tratar de salvar al mundo: yo todavía no había logrado siquiera salvarme a mí mismo.[8]

---

[8] El Ritual del Mensajero está descrito de manera incompleta. En realidad, Petrus me habló del significado de las visiones, de los recuerdos de la bolsa que Astrain me mostró. Sin embargo, como el encuentro con el Mensajero es diferente para cada persona, insistir en mi vivencia personal sería influenciar de manera negativa la experiencia de cada uno.

El amor

—Conversar con el Mensajero no es preguntarle cosas sobre el mundo de los espíritus —dijo Petrus, al día siguiente—. El Mensajero sólo sirve para una cosa: ayudar en el mundo material. Y él sólo te dará esta ayuda si tú sabes exactamente lo que deseas.

Habíamos parado en un poblado a beber algo. Petrus había pedido una cerveza y yo un refresco. La parte inferior de mi vaso era redonda, de plástico con agua coloreada dentro. Mis dedos dibujaban figuras abstractas con las marcas de agua y yo estaba preocupado.

—Me dijiste que el Mensajero se había manifestado en el muchacho porque debía decirme algo.

—Algo urgente —confirmó él.

Seguimos conversando sobre Mensajeros, ángeles y demonios. Aceptar un uso tan práctico de los misterios de la Tradición era difícil para mí. Petrus insistía en la idea de que siempre tenemos que buscar una recompensa, y yo recordaba que Jesús había dicho que los ricos no entrarían en el reino de los cielos.

—Jesús también recompensó al hombre que supo multiplicar los talentos de su amo. Además, no creyeron en él sólo porque tenía una buena oratoria: tuvo que hacer milagros, dar recompensas a sus seguidores.

—Nadie va a hablar mal de Jesús en mi bar —interrumpió el dueño, que estaba siguiendo nuestra conversación.

—Nadie está hablando mal de Jesús —respondió Petrus—. Hablar mal de Jesús es cometer pecados invocando su nombre. Como hicieron ustedes ahí en esa plaza.

El dueño vaciló por un instante. Pero luego respondió:

—Yo no tuve nada que ver con eso. Yo todavía era un niño.

—Los culpables siempre son los demás —rezongó Petrus.

El dueño del bar salió por la puerta de la cocina. Pregunté de qué estaban hablando.

—Hace cincuenta años, en pleno siglo xx, un gitano fue quemado ahí enfrente. Acusado de brujería y de blasfemar contra la santa hostia. El caso fue cubierto por las atrocidades de la Guerra Civil española, y hoy en día nadie se acuerda del asunto. Excepto los habitantes de este pueblo.

—¿Cómo sabes eso, Petrus?

—Porque ya recorrí antes el Camino de Santiago.

Seguimos bebiendo en el bar vacío. Hacía mucho sol allá afuera y era la hora de la siesta. De ahí a poco el dueño del bar volvió con el párroco de la aldea.

—¿Quiénes son ustedes? —preguntó el padre.

Petrus mostró la venera dibujada en su mochila. Durante mil doscientos años los peregrinos habían pasado por el camino frente al bar, y la tradición mandaba que cada peregrino fuera respetado y acogido en cualquier circunstancia. De inmediato el padre cambió de tono.

—¿Cómo es que peregrinos del Camino de Santiago hablan mal de Jesús? —preguntó, en un tono más de catecismo.

—Nadie aquí estaba hablando mal de Jesús. Estábamos hablando mal de los crímenes cometidos en nombre de Jesús. Como el gitano que fue quemado en la plaza.

La venera en la mochila de Petrus también cambió el tono de la conversación del dueño. Esta vez se dirigió a nosotros con respeto.

—La maldición del gitano permanece hasta hoy —dijo, bajo la mirada reprobadora del sacerdote.

Petrus insistió en saber cómo. El padre dijo que eran historias del pueblo, sin ningún respaldo de la Iglesia. Pero el dueño del bar prosiguió:

—Antes de morir, el gitano dijo que el niño más pequeño de la aldea recibiría e incorporaría sus demonios. Cuando esa criatura se hiciera vieja y muriera, los demonios pasarían a un nuevo niño. Y así por todos los siglos.

—La tierra aquí es igual a la tierra de las aldeas de alrededor —dijo el padre—. Cuando ellos sufren por la sequía, nosotros sufrimos también. Cuando allá llueve y tienen una buena cosecha, nosotros también llenamos nuestros graneros. Nada sucedió entre nosotros que no haya también sucedido en las aldeas vecinas. Toda esa historia es una gran fantasía.

—Nada pasó porque aislamos la Maldición —dijo el dueño del bar.

—Pues entonces vamos a ella —respondió Petrus.

El sacerdote rio y dijo que así se hablaba. El dueño del bar hizo la señal de la cruz. Pero ninguno de los dos se movió.

Petrus pagó la cuenta e insistió en que alguien nos llevara a la persona que había recibido la Maldición. El padre se disculpó, diciendo que debía volver a la iglesia, pues había interrumpido un trabajo importante. Y salió antes de que ninguno de nosotros pudiera decir algo.

El dueño del bar miró a Petrus con miedo.

—No se preocupe —dijo mi guía—. Basta con que nos muestre la casa donde él vive. Y nosotros vamos a intentar liberar a este pueblo de la Maldición.

El dueño del bar salió con nosotros a la calle polvorienta y brillante con el sol caliente de la tarde. Caminamos juntos hasta la salida del poblado, y él nos señaló una casa apartada, en las márgenes del Camino.

—Siempre le mandamos comida, ropa, todo lo necesario —se disculpó—. Pero ni el mismo padre va allá.

Nos despedimos y caminamos a la casa. El viejo se quedó esperando, pensando quizá que no seguiríamos adelante. Pero Petrus llegó a la puerta delantera y tocó. Cuando miré hacia atrás, el dueño del bar había desaparecido.

Una mujer de más o menos sesenta años vino a abrir la puerta. A su lado, un enorme perro negro movía el rabo y parecía contento con la visita. La mujer preguntó qué queríamos. Dijo que estaba ocupada lavando ropa, y que había dejado algunas ollas en el fuego. No pareció sorprendida por la visita. Deduje que muchos peregrinos, que no sabían de la Maldición, debían haber tocado aquella puerta en busca de abrigo.

—Somos peregrinos en camino a Compostela y necesitamos un poco de agua caliente —dijo Petrus—. Sé que usted no nos la negará.

Medio de mala gana, la vieja abrió la puerta. Entramos en una pequeña sala, limpia pero pobremente amueblada. Había un sofá con el forro rasgado, un aparador y una mesa de plástico con dos sillas. Encima del aparador, una imagen del Sagrado Corazón de Jesús, algunos santos y un crucifijo hecho de espejos. Dos puertas daban a la salita: por una de ellas yo podía vislumbrar un cuarto. La mujer condujo a Petrus por la otra, que iba a dar a la cocina.

—Tengo un poco de agua hirviendo —dijo—. Voy a coger una vasija y ustedes pueden seguir ya por donde vinieron.

Me quedé solo en la sala con el enorme perro. Él meneaba el rabo, dócil y contento. Poco después la mujer volvió con una vieja lata, la llenó de agua caliente y se la dio a Petrus.

—Listo. Partan con la bendición de Dios.

Pero Petrus no se movió. Sacó una bolsita de té de la mochila, la puso dentro de la lata y dijo que le gustaría compartir con ella lo poco que tenía, en agradecimiento por la acogida.

La mujer, visiblemente contrariada, trajo dos tazas y se sentó con Petrus a la mesa de plástico. Seguí mirando al perro mientras escuchaba la conversación entre los dos.

—Me dijeron que en el pueblo hay una maldición sobre esta casa —comentó Petrus, en un tono casual.

Sentí que los ojos del perro brillaban, como si hubiera entendido también la conversación. La vieja inmediatamente se puso en pie.

—¡Es una mentira! ¡Eso es una antigua superstición! Por favor, termine ya su té, que tengo mucho que hacer.

El perro sintió el súbito cambio de humor de la mujer. Se quedó inmóvil, en estado de alerta. Pero Petrus continuaba con la misma tranquilidad que al principio. Colocó lentamente el té en la taza, se la llevó a los labios y la devolvió a la mesa sin beber ni una gota.

—Está muy caliente —dijo—. Vamos a esperar a que se enfríe un poco.

La mujer ya no se sentó. Estaba visiblemente incómoda con nuestra presencia y arrepentida de haber abierto la puerta. Reparó en que yo estaba mirando fijamente al perro y lo llamó a su lado. El animal obedeció, pero cuando llegó cerca de ella volvió a mirarme.

—Fue para eso, mi querido Paulo —habló, mirándome—. Fue para eso que tu Mensajero apareció ayer en el niño.

De repente me di cuenta de que no era yo quien estaba mirando al perro. Desde que había entrado, aquel animal me había hipnotizado y mantenido mis ojos fijos en los de él. Era el perro quien me estaba mirando y haciendo que yo cumpliera su voluntad. Comencé a sentir una gran pereza, unas ganas de dormir en aquel sofá rasgado, porque hacía mucho calor allá afuera y yo no tenía deseos de caminar. Todo aquello me parecía extraño y tenía la sensación de que estaba cayendo en una trampa. El perro me miraba fijamente, y mientras más me miraba, más sueño yo tenía.

—Vamos —dijo Petrus, levantándose y extendiéndome la taza de té—. Bebe un poco, porque la señora desea que nos marchemos rápido.

Yo vacilé, pero logré agarrar la taza y el té caliente me reanimó. Quería decir algo, preguntar el nombre del animal, pero mi voz no salía. Algo dentro de mí había despertado algo que Petrus no me había enseñado, pero que comenzaba a manifestarse. Era un deseo incontrolable de hablar palabras extrañas, cuyo sentido ni yo mismo sabía. Pensé que Petrus había puesto algo en el té. Todo comenzó a alejarse, y yo sólo tenía la vaga noción de que la mujer le decía a Petrus que debíamos irnos ya. Sentí un estado de euforia y decidí decir en voz alta las palabras extrañas que me pasaban por la mente.

Todo lo que yo podía percibir en aquella sala era el perro. Cuando comencé a decir aquellas palabras extrañas, que ni yo mismo entendía, percibí que el perro comenzó a gruñir. Estaba entendiendo. Me sentí más excitado y seguí hablando, cada vez más alto. El perro se levantó y mostró los dientes. Ya no era el animal dócil que yo había encontrado al llegar, sino algo ruin y amenazador, que podía atacarme en cualquier momento. Sabía que las palabras me protegían y comencé a hablar cada vez más alto, dirigiendo toda mi fuerza hacia el perro, sintiendo que dentro de mí había un poder diferente, y que ese poder impedía que el animal me atacara.

A partir de ahí, todo comenzó a ocurrir en cámara lenta. Noté que la mujer se aproximaba gritando a mí e intentaba empujarme para afuera, y que Petrus sujetaba a la mujer, pero el perro no prestaba la menor atención a la pelea entre los dos. Estaba con los ojos fijos en mí, y se levantó gruñendo y mostrando los dientes. Intenté comprender la extraña lengua que estaba hablando, pero cada vez que paraba para buscar algún sentido, el poder disminuía y el can se acercaba, se volvía más fuerte. Comencé entonces a gritar sin tratar de entender, y la mujer comenzó a gritar también. El perro ladraba y me amenazaba, pero mientras yo siguiera hablando, estaría seguro. Escuché una gran risotada, pero no sé si existía o era fruto de mi imaginación.

De repente, como si todo ocurriera al mismo tiempo, un viento invadió la casa, el perro dio un gran aullido y saltó encima de mí. Levanté el brazo para protegerme la cara, grité una palabra y esperé el impacto.

El animal se abalanzó sobre mí con todo su peso, y yo caí en el sofá de plástico. Por algunos instantes nuestros ojos quedaron fijos unos en los otros, y de repente, él salió corriendo hacia el exterior.

Comencé a llorar copiosamente. Me acordé de mi familia, de mi mujer y de mis amigos. Experimentaba una gigantesca sensación de amor, una alegría inmensa y absurda, porque al mismo tiempo estaba consciente de toda aquella historia con el perro. Petrus me tomó por un brazo y me condujo afuera, ambos siendo empujados por la mujer. Miré a mi alrededor y no vi señales del perro. Me abracé a Petrus y seguí llorando mientras caminábamos bajo el sol.

No logro recordar aquella caminata y sólo volví en mí sentado en una fuente, con Petrus echando agua en mi rostro y en mi nuca. Pedí un trago y él dijo que si bebía cualquier cosa ahora, vomitaría. Estaba un poco mareado, pero me sentía bien. Me había invadido un amor inmenso, por todo y por todos. Miré a mi alrededor y vi los árboles a la orilla de la carretera, la pequeña fuente donde nos habíamos detenido, la brisa fresca y el canto de los pajarillos en el monte. Pregunté si estábamos lejos de la casa de la mujer. Él dijo que habíamos andado más o menos quince minutos.

—Debes estar preguntándote qué sucedió —dijo él.

En realidad, eso no tenía la menor importancia. Yo estaba contento con aquel Amor inmenso que me había invadido. El perro, la mujer, el dueño del bar, todo eso era un recuerdo distante, que parecía no tener ninguna relación con lo que estaba sintiendo ahora. Le dije a Petrus que me gustaría caminar un poco, porque me sentía bien.

Me levanté y retomamos el Camino de Santiago. Durante el resto de la tarde no hablé casi nada, inmerso en aquel agradable sentimiento que parecía llenarlo todo. De vez en cuando pensaba que Petrus había puesto alguna droga en el té, pero eso no tenía la menor importancia. Importante era ver los montes, los riachuelos, las flores en la carretera, los rasgos gloriosos del rostro de mi ángel.

Llegamos a un hotel a las ocho de la noche y yo seguía, aunque con menor intensidad, en aquel estado de beatitud. El dueño me pidió mi pasaporte para el registro y yo se lo entregué.

—¿Usted es de Brasil? Yo estuve allá. Me quedé en un hotel en la playa de Ipanema.

Aquella frase absurda me devolvió el sentido de la realidad. En plena Ruta Jacobea, en una aldea construida muchos siglos atrás, había un hotelero que conocía la playa de Ipanema.

—Estoy listo para conversar —le dije a Petrus—. Necesito saber todo lo que ocurrió hoy.

La sensación de beatitud había pasado. En su lugar surgía de nuevo la Razón, con sus temores a lo desconocido, con la urgente y absoluta necesidad de poner de nuevo los pies en la tierra.

—Después de cenar —respondió él.

Petrus pidió al dueño del hotel que encendiera la televisión, pero que le quitara el sonido. Dijo que ésa era la mejor manera de que yo escuchara todo sin hacer muchas preguntas, porque parte de mí estaría mirando lo que pasaba en la pantalla. Preguntó que hasta dónde me acordaba de lo que había ocurrido. Respondí que me acordaba de todo, menos de la parte en que caminamos hasta la fuente.

—Eso no tiene la menor importancia en la historia —respondió.

En la televisión comenzaba a pasar una película sobre algo relacionado con minas de carbón. Las personas vestían trajes de comienzos del siglo xx.

—Ayer, cuando presentí la urgencia de tu Mensajero, sabía que un combate en el Camino de Santiago estaba a punto de comenzar. Tú estás aquí para encontrar tu espada y aprender las Prácticas de RAM. Pero siempre que un guía conduce a un peregrino, existe por lo menos una circunstancia que escapa al control de ambos y que es una especie de prueba práctica de lo que está siendo enseñado. En tu caso, fue el encuentro con el perro.

"Más adelante te explicaré los detalles de la lucha y el porqué de los muchos demonios en un animal. Lo importante ahora es que entiendas que aquella mujer estaba acostumbrada a la Maldición. La había aceptado como si fuera una cosa normal, y la mezquindad del mundo le parecía algo bueno. Aprendió a satisfacerse con muy poco, cuando la vida es generosa y siempre quiere darnos mucho.

"Cuando expulsaste los demonios de aquella pobre vieja, también desequilibraste su universo. El otro día platicamos sobre las crueldades que las personas son capaces de infligirse a sí mismas. Muchas veces, cuando intentamos mostrar el bien, mostrar que la vida es generosa, ellas rechazan la idea como si fuera cosa del demonio. A nadie le gusta pedir mucho de la vida, porque tienen miedo de la derrota. Pero quien desea librar el Buen Combate debe mirar al mundo como si fuera un tesoro inmenso, que está ahí esperando ser descubierto y conquistado."

Petrus me preguntó si yo sabía lo que estaba haciendo ahí, en el Camino de Santiago.

—Estoy en busca de mi espada —respondí.

—¿Y para qué quieres tu espada?

—Porque ella me traerá el Poder y la Sabiduría de la Tradición.

Sentí que mi respuesta no le había agradado completamente. Pero continuó:

—Estás aquí en busca de una recompensa. Te atreves a soñar y estás haciendo lo posible por transformar ese sueño en realidad. Necesitas saber mejor lo que harás con tu espada, y eso tiene que quedar claro antes de que lleguemos a ella. Pero hay una cosa a tu favor: estás en busca de una recompensa. Sólo estás haciendo el Camino de Santiago porque deseas ser recompensado por tu esfuerzo. He notado que has aplicado todo lo que te he enseñado, buscando un fin práctico. Eso es muy positivo.

"Sólo falta lograr unir las Prácticas de RAM con tu propia intuición. El lenguaje de tu corazón es el que determinará la manera correcta de descubrir y manejar tu espada. En caso contrario, los ejercicios y las Prácticas de RAM se perderán en la sabiduría inútil de la Tradición".

Petrus me había hablado antes sobre estas cosas, de manera distinta y, a pesar de estar de acuerdo con él, no era eso lo que yo quería saber. Había dos cosas que no lograba explicar: la lengua diferente que hablé y la sensación de alegría y amor después de haber expulsado al perro.

—La sensación de alegría surgió porque tu gesto fue tocado por Ágape.

—Hablas mucho de Ágape y hasta ahora no me has explicado bien qué es. Tengo la sensación de que se trata de algo relacionado con una forma mayor de amor.

—Es exactamente eso. En breve llegará el momento de experimentar ese amor inmenso, ese amor que devora a quien ama. En cuanto a eso, conténtate con saber que él se manifiesta libremente en ti.

—Ya tuve esa sensación antes, sólo que más breve y de manera diferente. Ocurría siempre después de una victoria profesional, de una conquista, o cuando presentía que la Suerte estaba siendo generosa conmigo. Sin embargo, cuando esa sensación surgía, yo me trababa y sentía miedo de vivirla intensamente. Como si esa alegría pudiera despertar la envidia en los demás o como si yo fuera indigno de recibirla.

—Todos nosotros actuamos así antes de conocer a Ágape —dijo él, con los ojos fijos en la pantalla de la televisión.

Le pregunté entonces sobre la lengua diferente que yo había hablado.

—Eso fue una sorpresa para mí. No es una Práctica del Camino de Santiago. Se trata de un Carisma, y forma parte de las Prácticas de RAM en el Camino de Roma.

Ya había oído hablar algo con respecto a los Carismas, pero pedí a Petrus que me explicara mejor.

—Los Carismas son los dones del Espíritu Santo manifestados en las personas. Existe una diversidad de ellos: el don de la curación, el don de los milagros, el don de la profecía, entre otros. Tú experimentaste el Don de las Lenguas, el mismo que los apóstoles experimentaron el día del Pentecostés.

"El Don de las Lenguas está ligado a la comunicación directa con el Espíritu. Sirve para oraciones poderosas, exorcismos, como fue tu caso, y sabiduría. Los días de caminata y las Prácticas de RAM, además del peligro que el perro representaba para ti, despertaron el Don de las Lenguas por casualidad. No volverá a ocurrir más, a no ser que encuentres tu espada y decidas seguir el Camino de Roma. De cualquier manera, fue un buen presagio."

Miré el televisor sin sonido. La historia de las minas de carbón se había convertido en una sucesión de imágenes de hombres y mujeres siempre hablando, discutiendo, conversando. De vez en cuando, un actor y una actriz se besaban.

—Una cosa más —dijo Petrus—. Puede ser que te vuelvas a encontrar al perro; en ese caso, no intentes despertar de nuevo el Don de las Lenguas, porque éste no regresará. Confía en lo que te diga tu intuición. Te voy a enseñar otra Práctica de RAM, que despertará esa intuición. Así vas a comenzar a conocer el lenguaje secreto de tu mente, y eso te será muy útil en todos los momentos de tu vida.

Petrus apagó el televisor, justamente cuando yo comenzaba a interesarme en el enredo. Después fue al bar y pidió una botella de agua mineral. Cada cual bebió un poco y él se llevó afuera lo que había sobrado.

Nos sentamos al aire libre y por algunos momentos nadie dijo nada. El silencio de la noche nos envolvía y la Vía Láctea en los cielos me recordaba siempre mi objetivo: encontrar la espada.

Después de algún tiempo, Petrus me enseñó EL EJERCICIO DEL AGUA.

—Estoy cansado y voy a dormir —dijo él—. Pero haz este ejercicio ahora. Despierta de nuevo tu intuición, tu lado secreto. No te preocupes por la lógica, porque el agua es un elemento fluido y no se dejará dominar tan fácilmente. Pero ella construirá, poco a poco, sin violencia, una nueva relación tuya con el Universo.

Y concluyó, antes de entrar al hotel:

—No es siempre que tenemos la ayuda de un perro.

El despertar de la Intuición
(El ejercicio del agua)

Haz un charco de agua sobre una superficie lisa y no absorbente. Obsérvalo por algún tiempo. Comienza después a jugar, sin ningún compromiso, sin ningún objetivo, con el agua. Traza dibujos sin ningún significado. Haz este ejercicio durante una semana, demorando un mínimo de diez minutos por vez.

No busques resultados prácticos en este ejercicio, porque está despertando poco a poco tu Intuición. Cuando ella comience a manifestarse durante otras horas del día, confía siempre en ella.

Seguí saboreando un poco la frescura y el silencio de la noche. El hotel quedaba apartado de alguna ciudad, y nadie pasaba por la carretera frente a mí. Recordé al dueño, que conocía Ipanema y que debería pensar que era absurdo que yo estuviera en ese lugar tan árido, quemado por el sol, que volvía todos los días con la misma furia.

Comenzó a darme sueño y decidí hacer el ejercicio. Derramé el resto de la botella en el suelo de cemento. Inmediatamente se formó el charco. No tenía imagen ni forma, y yo no estaba buscando eso. Mis dedos comenzaron a pasear por el agua fría y empecé a sentir el mismo tipo de hipnosis que sentimos cuando miramos el fuego. No pensaba en nada, sólo estaba jugando. Jugando con un charco de agua. Hice algunos trazos en los bordes y éste pareció transformarse en un sol mojado, pero los trazos pronto se mezclaban y se fundían. Di un golpe al centro del charco con la mano abierta; el agua se esparció alrededor, llenando el cemento de gotas, estrellas negras en un fondo gris. Estaba completamente entregado a aquel ejercicio absurdo, que no tenía la menor finalidad, pero que era agradable de realizar. Sentí que la mente se había detenido casi por completo, algo que yo sólo lograba en largos periodos de meditación y relajación. Al mismo tiempo, algo me decía que, en las profundidades de mí mismo, en los lugares ocultos de mi mente, una fuerza ganaba cuerpo y se preparaba para manifestarse.

Me quedé mucho tiempo jugando con el charco y fue difícil parar el ejercicio. Si Petrus me hubiera enseñado el ejercicio del agua al comienzo del viaje, con toda seguridad yo habría pensado que era una pérdida de tiempo. Pero ahora, habiendo hablado en lenguas diferentes y expulsado demonios, aquel charco de agua establecía un contacto, aunque frágil, con la Vía Láctea encima de mí. Reflejaba sus estrellas, creaba dibujos que yo no lograba entender y me daba la sensación, no de estar perdiendo el tiempo, sino de estar creando un nuevo código de comunicación con el mundo. El código secreto del alma, la lengua que conocemos y que oímos tan poco.

Cuando me di cuenta, ya era bastante tarde. Las luces de la portería estaban apagadas y entré sin hacer ruido. En mi cuarto, hice una vez más la invocación a Astrain. Él apareció más nítido y le hablé por un tiempo sobre mi espada y mis objetivos en la vida. Sin embargo, él no respondía nada, pero Petrus me había dicho que, en el transcurso de las invocaciones, Astrain se volvería una presencia viva y poderosa a mi lado.

La boda

Logroño es una de las ciudades más grandes de las cruzadas por los peregrinos que siguen la Ruta Jacobea. Antes de eso, la única ciudad grande que habíamos atravesado había sido Pamplona, y aun así no habíamos pernoctado ahí. Pero, la tarde que llegamos a Logroño, la ciudad se preparaba para una gran fiesta, y Petrus sugirió que nos quedáramos ahí, por lo menos aquella noche.

Yo ya estaba acostumbrado al silencio y la libertad del campo, de modo que la idea no me agradó mucho. Habían transcurrido cinco días desde el incidente con el perro, y yo realizaba todas las noches la invocación a Astrain y el ejercicio del agua. Me sentía mucho más calmado, consciente de la importancia del Camino de Santiago en mi vida y en lo que haría de ahí en adelante. A pesar de la aridez del paisaje, la comida no siempre buena y el cansancio provocado por días enteros en la carretera, yo estaba viviendo un sueño real.

Todo aquello quedó lejos el día que llegamos a Logroño. En vez del aire caliente, más puro, de los campos del interior, la ciudad estaba llena de autos, periodistas y equipos de televisión. Petrus entró en el primer bar para preguntar qué pasaba.

—¿No lo sabe? Es la boda de la hija del Coronel M. —respondió el hombre—. Vamos a tener un gran banquete público en la plaza, y hoy cierro más temprano.

Fue difícil encontrar un hotel, pero conseguimos hospedaje con una pareja de viejos que había reparado en la venera de la mochila de Petrus. Nos dimos un baño, me puse los únicos pantalones largos que había traído y salimos hacia la plaza.

Ahí, decenas de empleados, sudando debajo de *summers* y vestidos negros, daban los últimos toques a las mesas esparcidas por todo el lugar. La televisión española hacía algunas tomas de los preparativos. Seguimos por una pequeña calle que iba a dar a la Parroquia de Santiago el Real, donde la ceremonia estaba por comenzar.

Personas bien vestidas, mujeres con el maquillaje casi derritiéndose debido a la temperatura, niños vestidos de blanco y la mirada irritada entraban sin cesar en la iglesia. Algunos fuegos de artificio estallaron sobre nosotros, y una inmensa limusina negra se detuvo en la puerta principal. Era el novio, que llegaba. Petrus y yo no logramos entrar en la iglesia abarrotada y decidimos volver a la plaza.

Petrus fue a dar una vuelta y yo me senté en una de las bancas, esperando que acabara la boda y sirvieran el banquete. A mi lado, un vendedor de palomitas de maíz esperaba el fin de la ceremonia para obtener algunos ingresos extra.

—¿Usted también está invitado? —preguntó el vendedor.

—No —respondí—. Somos peregrinos en camino a Compostela.

—Existe un tren que va directo de Madrid hasta allá, y si usted sale en viernes, tiene derecho a hotel gratis.

—Pero nosotros estamos haciendo una peregrinación.

El vendedor me miró y dijo, con todo cuidado:

—La peregrinación es para los santos.

Decidí no insistir en el tema. El viejo comenzó a contar que ya había casado a su hija, pero que hoy en día ella vivía separada del marido.

—En la época de Franco había mucho más respeto —dijo—. Hoy en día nadie le presta más atención a la familia.

Aun estando en un país extraño, donde no es aconsejable discutir sobre política, yo no podía dejar pasar aquello sin respuesta. Afirmé que Franco era un dictador, y que nada de aquella época podía haber sido mejor.

El vendedor enrojeció.

—¿Quién es usted para hablar de ese modo?

—Conozco la historia de su país. Conozco la lucha de su pueblo por la libertad. Leí sobre los crímenes durante la Guerra Civil española.

—Pues yo participé en la guerra. Puedo hablar porque en ella corrió la sangre de mi familia. La historia que usted leyó no me interesa; me interesa lo que le pasa a mi familia. Yo luché contra Franco, pero después que él venció, mi vida mejoró. No soy pobre y tengo un carrito de palomitas de maíz. Este gobierno socialista que está ahora no me ayudó a conseguir eso. Vivo peor ahora de lo que vivía antes.

Me acordé de Petrus diciendo que las personas se contentaban con muy poco en la vida. Decidí no insistir en el tema y me cambié de banca.

Petrus vino a sentarse a mi lado. Le conté la historia del vendedor de palomitas.

—Conversar es muy bueno —dijo él— cuando la gente quiere convencerse de lo que estamos diciendo. Yo soy del PCI (Partido Comunista Italiano) y no conocía tu lado fascista.

—¿Qué lado fascista? —pregunté, indignado.

—Ayudaste al viejo a convencerse de que Franco era mejor. Tal vez él nunca hubiera sabido por qué. Ahora ya lo sabe.

—Pues me sorprende mucho saber que el PCI cree en los Dones del Espíritu Santo.

—Nos preocupamos por lo que dirán los vecinos —dijo él. E imitó al Papa.

Reímos juntos. Algunos fuegos de artificio explotaron de nuevo. Una banda subió al quiosco de la plaza y comenzó a afinar sus instrumentos. La fiesta debería comenzar en cualquier momento.

Miré al cielo. Empezaba a oscurecer y algunas estrellas estaban apareciendo. Petrus fue con uno de los meseros y consiguió dos vasos de plástico llenos de vino.

—Trae suerte beber un poco antes de comenzar la fiesta —dijo, extendiéndome uno de los vasos—. Bebe un poco de esto. Te va a ayudar a olvidar al viejo de las palomitas.

—Ya no estoy pensando en eso.

—Pues deberías. Porque lo que ocurrió es un mensaje simbólico de un comportamiento equivocado. Siempre estamos tratando de conseguir adeptos para nuestras explicaciones del Universo. Pensamos que la cantidad de personas que creen lo mismo en lo que creemos lo convertirá en realidad. Y no es así.

"Mira a tu alrededor. Se prepara una gran fiesta, una celebración va a comenzar. Se celebran muchas cosas al mismo tiempo: el sueño del padre que quería casar a su hija, el sueño de la hija que se quería casar, el sueño del novio. Eso es bueno, porque ellos creen en ese sueño y quieren mostrar a todos que alcanzaron una meta. No es una fiesta para convencer a nadie, y por eso será divertida. Todo indica que son personas que libraron el Buen Combate del amor."

—Pero estás tratando de convencerme, Petrus. Me estás guiando por el Camino de Santiago.

Él me miró con frialdad.

—Te estoy enseñando las Prácticas de RAM. Pero sólo lograrás llegar a tu espada si descubres que en tu corazón está el camino, la verdad y la vida.

Petrus señaló al cielo, donde las estrellas ya eran bien visibles.

—La Vía Láctea muestra el Camino hasta Compostela. No existe religión que sea capaz de juntar todas las estrellas, porque si eso ocurriera, el Universo se volvería un gigantesco espacio vacío y perdería su razón de existir. Cada estrella, y cada hombre, tienen su espacio y sus características especiales. Existen estrellas verdes, amarillas, azules, blancas; existen cometas, meteoros y meteoritos, nebulosas y anillos. Aquello que desde aquí abajo parece una porción de puntos iguales, en realidad son millones de cosas diferentes, esparcidas en un espacio que está más allá de la comprensión humana.

Un fuego de artificio estalló y su luz iluminó el cielo por momentos. Una cascada de partículas verdes y brillantes apareció enseguida.

—Antes sólo escuchábamos su ruido, porque era de día. Ahora podemos ver su luz —dijo Petrus—. Este es el único cambio al que el hombre puede aspirar.

La novia salió de la iglesia y las personas le lanzaron arroz y gritaron vivas. Era una joven delgada, en sus diecisiete años, del brazo de un muchacho en uniforme de gala. Todos comenzaron a salir y a encaminarse a la plaza.

—¡Mira al Coronel M.! ¡Fíjate en el vestido de la novia! ¡Está hermosa! —decían algunas chicas cerca de nosotros.

Los invitados rodearon las mesas, los meseros repartieron el vino y la banda comenzó a tocar. El viejito de las palomitas fue inmediatamente rodeado por una multitud de muchachos histéricos, que le extendían el dinero y esparcían las bolsas por el suelo. Imaginé que para los habitantes de Logroño, por lo menos esa noche, no existía el resto del mundo, la amenaza de guerra nuclear, el desempleo, los crímenes de muerte. La noche era una fiesta, las mesas estaban en la plaza para el pueblo y todos se sentían importantes.

Un equipo de televisión vino hacia nosotros, y Petrus ocultó el rostro. Pero pasaron de largo, en busca de uno de los invitados, que estaba a nuestro lado. Reconocí inmediatamente al sujeto: era Manolo, jefe de la afición española del Mundial de Futbol de México. Cuando acabó la entrevista, me dirigí a él. Le dije que era brasileño y él, fingiendo indignación, reclamó por un gol robado en el primer partido del Mundial.[9] Pero luego me abrazó y dijo que Brasil volvería a tener los mejores jugadores del mundo.

—¿Cómo puedes ver el juego si siempre estás de espaldas a la cancha, animando a los aficionados? —pregunté. Era una de las

[9] En el partido entre España y Brasil, en el Mundial de México en 1986, un gol español fue anulado porque el árbitro no vio que el balón había pegado atrás de la línea de meta antes de rebotar hacia afuera. Brasil terminó ganando por 1-0.

cosas que más me habían llamado la atención durante las transmisiones del Mundial.

—Ésa es mi alegría: ayudar a la afición a creer en la victoria.

Y concluyó, como si también fuera un guía por los caminos de Santiago:

—Una afición sin fe hace que un equipo pierda un partido que ya ganó.

Manolo fue solicitado por otras personas, pero me quedé reflexionando sobre sus palabras. Incluso sin nunca haber cruzado la Ruta Jacobea, él también sabía lo que era librar el Buen Combate.

Descubrí a Petrus escondido en un rincón y visiblemente incómodo por la presencia de los equipos de televisión. Sólo cuando los reflectores se apagaron salió de entre los árboles de la plaza y se relajó un poco. Pedimos otros dos vasos de vino, hice un plato de canapés para mí y Petrus descubrió una mesa donde podíamos sentarnos junto con otros invitados.

La pareja de novios partió un inmenso pastel. Sonaron más vivas.

—Ellos deben amarse —pensé en voz alta.

—Es claro que se aman —dijo un señor de traje oscuro, que estaba sentado a la mesa.

—¿Ha visto a alguien casarse por otro motivo?

Me guardé la respuesta, recordando lo que dijera Petrus sobre el vendedor de palomitas. Pero mi guía no dejó pasar en blanco el episodio:

—¿A qué tipo de amor se refiere usted: Eros, Philos o Ágape?

El señor lo miró sin entender nada. Petrus se levantó, llenó de nuevo su vaso y me pidió que paseáramos un poco.

—Existen tres palabras griegas para designar el amor —comenzó—. Hoy estás viendo la manifestación de Eros, el sentimiento entre dos personas.

Los novios sonreían para las fotos y recibían felicitaciones.

—Parece que ambos se aman —dijo, refiriéndose a la pareja—. Y creen que el amor es algo que crece. En poco tiempo estarán luchando solos por la vida, montarán casa y participarán de la misma aventura. Eso engrandece y torna digno al amor. Él va a seguir su carrera en el Ejército, ella debe saber cocinar y ser una excelente ama de casa, porque fue educada para eso. Lo acompañará, tendrán hijos y, si sienten que están construyendo algo juntos, es porque están en la lucha del Buen Combate. Entonces, aun con todos los tropiezos, jamás dejarán de ser felices.

"De pronto, sin embargo, esta historia que te estoy contando puede suceder de manera inversa. Él puede comenzar a sentir que no es lo bastante libre para manifestar todo el Eros, todo el amor que tiene por otras mujeres. Ella puede comenzar a sentir que sacrificó una carrera y una vida brillantes para acompañar al marido. Entonces, en vez de la creación conjunta, cada uno se sentirá robado en su manera de amar. Eros, el espíritu que los une, comenzará a mostrar sólo su lado malo. Y aquello que Dios había destinado al hombre como su más noble sentimiento pasará a ser fuente de odio y destrucción."

Miré a mi alrededor. Eros estaba presente en varias parejas. El ejercicio del agua había despertado el lenguaje de mi corazón y yo estaba viendo a las personas de manera diferente. Tal vez fueran los días de soledad en el monte, tal vez incluso las Prácticas de RAM, pero yo podía sentir la presencia de Eros Bueno y de Eros Malo, exactamente como Petrus había descrito.

—Fíjate qué curioso —dijo Petrus, observando lo mismo—. A pesar de ser bueno o malo, la cara de Eros nunca es la misma en cada persona. Exactamente como las estrellas sobre las que te hablaba hace media hora. Y nadie puede escapar de Eros. Todos necesitan su presencia, a pesar de que muchas veces Eros hace que nos sintamos alejados del mundo, atrapados en nuestra soledad.

La banda comenzó a tocar un vals. Las personas se dirigieron al pequeño espacio de cemento frente al quiosco y comenzaron a bailar. El alcohol comenzaba a subirse y todos estaban más sudados y alegres. Noté a una chica vestida de azul, que debía haber esperado esta boda sólo para que llegara el momento del vals, porque quería bailar con alguien con quien soñaba estar abrazada desde que entró en la adolescencia. Sus ojos seguían los movimientos de un muchacho bien vestido, de traje claro, que estaba con un grupo de amigos. Todos conversaban alegremente y no se habían dado cuenta de que el vals había comenzado, y que a algunos metros de distancia, una chica de azul miraba insistentemente a uno de ellos.

Pensé en las ciudades pequeñas, en las bodas soñadas desde la infancia con el chico elegido.

La joven de azul notó mi mirada y salió de cerca de la pista. Fue entonces el turno del muchacho de buscarla con los ojos. Cuando descubrió que ella estaba cerca de otras chicas, volvió a conversar animadamente con sus amigos.

Llamé la atención de Petrus hacia esos dos. Él acompañó durante algún tiempo el juego de miradas y después volvió a su vaso de vino.

—Actúan como si fuera una vergüenza demostrar que se aman —fue su único comentario.

Una chica frente a nosotros nos miraba fijamente. Debía tener la mitad de nuestra edad. Petrus alzó su vaso de vino y brindó con ella. La muchacha rio avergonzada y señaló a sus padres, casi disculpándose por no acercarse más.

—Este es el lado bello del amor —dijo Petrus—. El amor que desafía, el amor de dos extraños mayores que ella, que vinieron de lejos y que mañana ya habrán partido. Hacia un mundo que a ella también le gustaría recorrer.

Percibí por la voz de Petrus que él estaba un poco achispado.

—¡Hoy vamos a hablar de Amor! —dijo mi guía, en un tono un poco elevado—. ¡Vamos a hablar de ese amor verdadero, que está siempre creciendo, moviendo al mundo y convirtiendo al hombre en sabio!

Una mujer cercana a nosotros, bien vestida, parecía no estar prestando atención alguna a la fiesta. Iba de mesa en mesa arreglando los vasos, los platos y los cubiertos.

—Fíjate en aquella señora —indicó Petrus— que no para de arreglar las cosas. Como te dije antes, existen muchas caras de Eros, y ésta también es una de ellas. Es el amor frustrado, que se realiza en la infelicidad ajena. Va a besar al novio y a la novia, pero por dentro estará murmurando que no están hechos el uno para el otro. Está tratando de poner al mundo en orden porque ella misma está en desorden. Y ahí —señaló a otra pareja, la mujer exageradamente maquillada, con un peinado elaborado— es el Eros aceptado. El Amor social, sin vestigio alguno de emoción. Ella aceptó su papel y cortó todos los lazos con el mundo y el Buen Combate.

—Estás siendo muy amargo, Petrus. ¿No hay aquí nadie que se salve?

—Claro que sí. La joven que nos miró. Los adolescentes que están bailando y que sólo conocen el Eros Bueno. Si no se dejan influenciar por la hipocresía del Amor que dominó a la generación pasada, el mundo, con toda certeza, será otro.

Señaló a una pareja de viejos, sentados a una mesa.

—Y aquellos dos también. No se dejaron contagiar por la hipocresía, como muchos otros. Por su apariencia, debe ser una pareja de labradores. El hambre y la necesidad los obligaron a trabajar juntos. Aprendieron las Prácticas que tú estás conociendo sin haber oído hablar nunca de RAM. Porque sacaron la fuerza del amor del propio trabajo. Ahí Eros muestra su cara más bella, porque está unido a Philos.

—¿Qué es Philos?

—Philos es el Amor bajo la forma de amistad. Es lo que yo siento por ti y por los demás. Cuando la llama de Eros ya no consigue brillar, es Philos quien mantiene unidas a las parejas.

—¿Y Ágape?

—Hoy no es día para hablar de Ágape. Ágape está en Eros y en Philos, pero esto es apenas una frase. Vamos a divertirnos en esta fiesta, sin tocar el Amor que Devora —y Petrus se sirvió más vino en su vaso de plástico.

Había en torno nuestro una alegría que contagiaba todo. Petrus estaba poniéndose tonto, y al principio eso me chocó un poco. Pero recordé sus palabras de cierta tarde, diciendo que las Prácticas de RAM sólo tenían sentido si podían ser ejecutadas por una persona común.

Esa noche, Petrus me parecía un hombre como todos los demás. Estaba en plan de camarada, de amigo, palmeando las espaldas de las personas y conversando con quien le prestara atención. Poco tiempo después estaba tan tonto que tuve que agarrarlo del brazo y conducirlo al hotel.

En el camino me di cuenta de la situación. Yo estaba guiando a mi guía. Percibí que en ningún momento, en toda nuestra jornada, Petrus había hecho esfuerzo alguno por parecer más sabio, más santo o mejor que yo. Todo lo que había hecho era transmitirme su experiencia con las Prácticas de RAM. Pero, por lo demás, se esforzaba más bien en mostrar que era un hombre como todos los demás, que sentía Eros, Philos y Ágape.

Eso hizo que yo me sintiera más fuerte. El Camino de Santiago era de las personas comunes.

El entusiasmo

—Aunque hable el lenguaje de los hombres y de los ánge-les; aunque tenga el don de profetizar y tenga la fe para mover montañas, si no tuviera amor, nada seré.

De nuevo Petrus citaba a San Pablo. Para él, el apóstol era el gran intérprete oculto del mensaje de Cristo. Estábamos pescando aquella tarde, después de haber pasado la mañana entera caminando. Ningún pez había mordido el anzuelo, pero mi guía no le daba a eso la menor importancia. Según él, el ejercicio de la pesca era más o menos un símbolo de la relación del hombre con el mundo: sabemos lo que queremos y lo alcanzaremos si insistimos, pero el tiempo para llegar al objetivo depende de la ayuda de Dios.

—Siempre es bueno hacer algo lentamente antes de tomar una decisión importante en la vida —dijo él—. Los monjes zen se quedan escuchando crecer a las rocas. Yo prefiero pescar.

Pero a esa hora, con el calor que estaba haciendo, hasta los peces rojos y perezosos, casi a flor de agua, no mordían el anzuelo. Estar con la línea dentro o fuera del agua daba lo mismo. Desistí y comencé a dar un paseo por los alrededores. Llegué hasta un viejo cementerio abandonado cerca del río, con una puerta absolutamente desproporcionada para su tamaño, y volví con Petrus. Le pregunté sobre el cementerio.

—La puerta era de un antiguo hospital de peregrinos —me dijo—. Pero fue abandonado y más tarde alguien tuvo la idea de aprovechar la fachada y construir el cementerio.

—Que también está abandonado.

—Así es. Las cosas en esta vida duran muy poco.

Le dije que él había sido muy duro la noche anterior, cuando había juzgado a las personas en la fiesta. Petrus se sorprendió. Afirmó que lo que habíamos conversado no era nada más y nada menos que lo que nosotros mismos habíamos experimentado en nuestra vida personal. Todos corremos en busca de Eros, y cuando Eros se quiere transformar en Philos, pensamos que el Amor es inútil. Sin percibir que es Philos quien nos conducirá a la forma de amor mayor, Ágape.

—Háblame más de Ágape —pedí.

Petrus respondió que Ágape no podía ser hablado, tenía que ser vivido. Si hubiera oportunidad, me mostraría todavía esa tarde una de las caras de Ágape. Pero para eso era necesario que el Universo se comportara como el ejercicio de la pesca: colaborando para que todo saliera bien.

—El Mensajero te ayuda, pero existe algo que está más allá del dominio del Mensajero, de tus deseos y de ti mismo.

—¿Y eso qué es?

—La chispa divina. Lo que las personas llaman Suerte.

Cuando el sol amainó un poco, retomamos la caminata. La Ruta Jacobea atravesaba algunos viñedos y campos cultivados, que estaban completamente desiertos a esa hora del día. Cruzamos la carretera principal, también desierta, y volvimos al monte. A la distancia yo podía ver el pico San Lorenzo, el punto más alto del reino de Castilla. Muchas cosas habían cambiado en mí desde que había encontrado a Petrus por primera vez, cerca de Saint-Jean-Pied-de-Port. Brasil, los negocios a realizar, casi se habían apagado por completo en mi mente. Lo único vivo era mi objetivo, discutido todas las noches con Astrain, que cada vez aparecía más nítido. Yo lograba verlo siempre sentado a mi lado, percibía que tenía un tic nervioso en el ojo derecho, y que solía sonreír con desdén siempre que yo repetía algunas cosas para comprobar que había entendido. Algunas semanas atrás, principalmente en los primeros días, yo había llegado a temer que jamás lograría completar el camino. En la época en que pasamos por Roncesvalles, había sentido un profundo aburrimiento de todo aquello y un deseo de llegar pronto a Santiago, recuperar mi espada y volver para librar aquello que Petrus llamaba el Buen Combate.[10] Pero ahora los apegos de la civilización, abandonados tan a regañadientes, ya estaban casi olvidados. En ese momento, todo lo que me preocupaba era el sol sobre mi cabeza y la excitación de experimentar a Ágape.

Descendimos por un barranco y cruzamos un arroyo, haciendo un gran esfuerzo por subir por la orilla opuesta. Aquel arroyo debía haber sido en el pasado un río caudaloso, rugiente y cavando en suelo en busca de las profundidades y los secretos de la tierra. Ahora era apenas un arroyo que podía ser cruzado a pie. Pero su

---

[10] En realidad, según descubrí después, el término había sido creado por San Pablo.

obra, la inmensa zanja que había creado, todavía estaba ahí y me obligaba a hacer un gran esfuerzo para vencerla. "Todo en esta vida dura muy poco", había dicho Petrus algunas horas antes.

—Petrus, ¿has amado mucho?

La pregunta surgió de manera espontánea, y me sorprendí de mi coraje. Hasta ese momento, yo sabía sólo lo esencial sobre la vida privada de mi guía.

—Tuve muchas mujeres, si esto es lo que quieres decir. Y amé mucho a cada una de ellas. Pero sólo sentí la sensación de Ágape con dos de ellas.

Le conté que también había amado mucho, y que estaba comenzando a preocuparme porque no conseguía vincularme con nadie. Si continuara así, me enfrentaría a una vejez solitaria y eso me daba mucho miedo.

—Contrata a una enfermera —rio él—. Pero, en fin, no creo que estés buscando en el amor una jubilación confortable.

Eran casi las nueve de la noche cuando comenzó a oscurecer. Los campos de parras habían quedado atrás, y estábamos en medio de un paisaje casi desértico. Miré a mi alrededor y pude distinguir, a lo lejos, una pequeña ermita enclavada en una piedra, semejante a muchas ermitas que habíamos pasado por el camino. Anduvimos un poco más y nos desviamos de las marcas amarillas, siguiendo directo hasta la pequeña construcción.

Cuando nos acercamos lo suficiente, Petrus gritó un nombre que no entendí, y se detuvo para escuchar la respuesta. A pesar de los oídos atentos, no oímos nada. Petrus volvió a llamar, y nadie respondió.

—Vamos de todas maneras —dijo él. Y nos dirigimos hacia allá.

Eran sólo cuatro paredes encaladas en blanco. La puerta estaba abierta, mejor dicho, no había puerta, sino un pequeño cancel de medio metro de altura, que se sostenía precariamente en un solo gozne. Dentro había un fogón hecho de piedras y algunos cuencos cuidadosamente apilados en el suelo. Dos de ellos estaban llenos de trigo y papas.

Nos sentamos en silencio. Petrus encendió un cigarrillo y me dijo que esperáramos un poco. Percibí que me dolían las piernas de cansancio, pero algo en aquella ermita, en vez de calmarme, me excitaba. Y me habría amedrentado también, si no hubiera sido por la presencia de Petrus.

—Sea quien sea quien vive aquí, ¿dónde duerme? —pregunté, rompiendo ese silencio que comenzaba a hacerme mal.

—Ahí donde estás sentado —dijo Petrus, señalando el suelo desnudo. Comenté que me movería de lugar, pero él me pidió que me quedara exactamente donde estaba. La temperatura debía haber caído un poco, pues comencé a sentir frío.

Esperamos durante casi una hora entera. Petrus todavía llamó dos veces aquel nombre extraño, y después desistió. Cuando pensé que nos levantaríamos para irnos, él comenzó a hablar.

—Aquí está presente una de las manifestaciones de Ágape —dijo, mientras apagaba su tercer cigarrillo—. No es la única, pero es una de las más puras. Ágape es el amor total, el amor que devora a quien lo experimenta. Quien conoce y experimenta a Ágape ve que nada más en este mundo tiene importancia, sólo amar. Ese fue el amor que Jesús sintió por la humanidad, y fue tan grande que sacudió las estrellas y cambió el curso de la historia del hombre. Su vida solitaria logró hacer lo que reyes, ejércitos e imperios no consiguieron.

"Durante los milenios de la historia de la Civilización, muchas personas fueron invadidas por este Amor que Devora. Ellas tenían tanto que dar, y el mundo exigía tan poco, que se vieron obligadas a buscar los desiertos y los lugares aislados, porque el Amor era tan grande que las transfiguraba. Se convirtieron en los santos ermitaños que hoy conocemos.

"Para mí, y para ti, que experimentamos otra forma de Ágape, esta vida aquí puede parecer dura, terrible. Sin embargo, el Amor que Devora hace que todo, absolutamente todo, pierda importancia. Esos hombres viven sólo para ser consumidos por su amor."

Petrus me contó que ahí vivía un hombre llamado Alfonso, y que lo había conocido en su primera peregrinación a Compostela, mientras recolectaba frutas para comer. Su guía, un hombre mucho más iluminado que él, era amigo de Alfonso y los tres habían realizado juntos EL RITUAL DE ÁGAPE, O EL EJERCICIO DEL GLOBO AZUL. Petrus dijo que había sido una de las experiencias más importantes de su vida y que, hasta hoy, cuando hacía ese ejercicio, se acordaba de la ermita y de Alfonso. Había un tono de emoción en su voz, y era la primera vez que yo notaba esto.

—Ágape es el Amor que Devora —repitió una vez más, como si esta fuera la frase que definiera mejor aquella extraña especie de amor—. Luther King dijo una vez que, cuando Cristo habló de amar a los enemigos, se estaba refiriendo a Ágape. Porque, según él, "era imposible gustar de nuestros enemigos, de quienes nos hacen daño y que intentan hacer más miserable nuestro sufrido día a día". Pero Ágape es mucho más que gustar. Es un sentimiento que lo invade todo, que llena todas las rendijas y hace que cualquier intento de agresión se convierta en polvo.

"Tú aprendiste a renacer, a no ser cruel contigo mismo, a conversar con tu Mensajero. Pero todo lo que hagas de aquí en adelante, todo el provecho que logres sacar del Camino de Santiago sólo tendrá sentido si es tocado por el Amor que Devora."

Le recordé a Petrus que él había dicho que existían dos formas de Ágape. Y que él probablemente no había experimentado esa primera forma, ya que no se había convertido en ermitaño.

—Tienes razón. Tanto tú como yo y la mayoría de los peregrinos que cruzaron el Camino de Santiago a través de las palabras de RAM experimentamos el Ágape en su otra forma: el Entusiasmo.

"Entre los Antiguos, Entusiasmo significa trance, arrebato, vínculo con Dios. El Entusiasmo es Ágape dirigido a alguna idea, alguna cosa. Todos pasamos por eso. Cuando amamos y creemos en algo desde el fondo de nuestra alma, nos sentimos más fuertes que el mundo, y somos invadidos por una serenidad que proviene de la certeza de que nada podrá vencer nuestra fe. Esa fuerza extraña hace que siempre tomemos las decisiones correctas, a la hora exacta, y cuando alcanzamos nuestro objetivo, nos asombramos de nuestra propia capacidad. Porque, durante el Buen Combate, nada más tiene importancia, estábamos siendo llevados a nuestra meta a través del Entusiasmo.

"El Entusiasmo se manifiesta normalmente con todo su poder en los primeros años de vida. Todavía tenemos un lazo fuerte con la divinidad y nos entregamos con tal voluntad a nuestros juegos que las muñecas pasan a tener vida y los soldaditos de plomo logran marchar. Cuando Jesús habló de que el Reino de los Cielos era de los niños, se refería a Ágape bajo la forma de Entusiasmo. Los niños llegan a él sin pensar en sus milagros, su sabiduría, los fariseos y los apóstoles. Vienen alegres, movidos por el Entusiasmo."

Le conté a Petrus que, justamente esa tarde, había percibido que estaba completamente volcado en el Camino de Santiago. Aquellos días y noches por las tierras de España casi me habían hecho olvidar mi espada y se habían convertido en una experiencia única. Todo lo demás había perdido importancia.

—Hoy en la tarde intentamos pescar, y los peces no mordieron el anzuelo —dijo Petrus—. Normalmente, dejamos que el Entusiasmo se escape de nuestras manos en esas pequeñas cosas, que no tienen la menor importancia ante la grandeza de cada existencia. Perdemos el Entusiasmo a causa de nuestras pequeñas y necesarias derrotas durante el Buen Combate. Y como no sabemos que el Entusiasmo es una fuerza mayor, orientada a la victoria final, dejamos que se nos escape por los dedos, sin notar que estamos dejando escapar también el verdadero sentido de nuestras vidas. Culpamos al mundo de nuestro aburrimiento, de nuestra derrota, y olvidamos que fuimos nosotros quienes dejamos escapar esa fuerza arrebatadora que todo lo justifica, la manifestación de Ágape bajo la forma de Entusiasmo.

Volvió ante mis ojos el cementerio que estaba cerca del riachuelo. Aquella puerta extraña, descomunalmente grande, era una representación perfecta del sentido que se perdía. Detrás de aquella puerta, sólo estaban los muertos.

Como si adivinara mi pensamiento, Petrus comenzó a hablar de algo parecido.

—Hace algunos días te debes haber sorprendido cuando perdí la cabeza con un pobre muchacho que había derramado un poco de café en unas bermudas ya inmundas por el polvo de la carretera. En realidad, mi nerviosismo se debía a que vi, en la mirada de ese chico, al Entusiasmo escapándose, como se escapa la sangre por las muñecas cortadas. Vi a ese muchacho, tan fuerte y tan lleno de vida, comenzando a morir pues dentro de él, en todo momento, moría un poco de Ágape. Tengo muchos años de vida y ya aprendí a convivir con esas cosas, pero ese muchacho, por su modo y por todo lo que presentí que él podría aportar de bueno a la humanidad, me dejó chocado y triste. Tengo la seguridad de que mi agresividad hirió su orgullo y así contuve, por lo menos durante algún tiempo, la muerte de Ágape.

"De la misma manera, cuando transmutaste el espíritu del perro de aquella mujer, sentiste a Ágape en su estado puro. Fue un gesto noble y me hizo estar contento de estar ahí y de ser tu guía. Por eso, por primera vez en todo el Camino, voy a participar en un ejercicio contigo."

Y Petrus me enseñó EL RITUAL DE ÁGAPE, O EL EJERCICIO DEL GLOBO AZUL.

—Te voy a ayudar a despertar el Entusiasmo, a crear la fuerza que se extenderá como una bola azul en torno al planeta —dijo él—. Para mostrar que yo te respeto por tu búsqueda y por lo que eres.

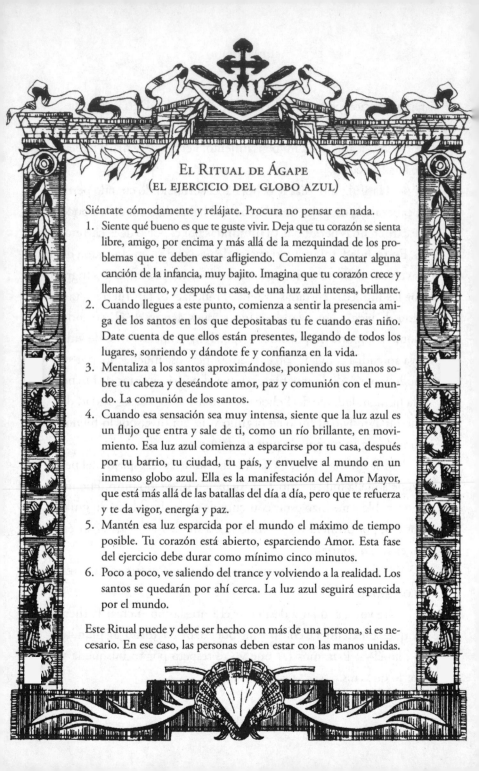

EL RITUAL DE ÁGAPE
(EL EJERCICIO DEL GLOBO AZUL)

Siéntate cómodamente y relájate. Procura no pensar en nada.

1. Siente qué bueno es que te guste vivir. Deja que tu corazón se sienta libre, amigo, por encima y más allá de la mezquindad de los problemas que te deben estar afligiendo. Comienza a cantar alguna canción de la infancia, muy bajito. Imagina que tu corazón crece y llena tu cuarto, y después tu casa, de una luz azul intensa, brillante.

2. Cuando llegues a este punto, comienza a sentir la presencia amiga de los santos en los que depositabas tu fe cuando eras niño. Date cuenta de que ellos están presentes, llegando de todos los lugares, sonriendo y dándote fe y confianza en la vida.

3. Mentaliza a los santos aproximándose, poniendo sus manos sobre tu cabeza y deseándote amor, paz y comunión con el mundo. La comunión de los santos.

4. Cuando esa sensación sea muy intensa, siente que la luz azul es un flujo que entra y sale de ti, como un río brillante, en movimiento. Esa luz azul comienza a esparcirse por tu casa, después por tu barrio, tu ciudad, tu país, y envuelve al mundo en un inmenso globo azul. Ella es la manifestación del Amor Mayor, que está más allá de las batallas del día a día, pero que te refuerza y te da vigor, energía y paz.

5. Mantén esa luz esparcida por el mundo el máximo de tiempo posible. Tu corazón está abierto, esparciendo Amor. Esta fase del ejercicio debe durar como mínimo cinco minutos.

6. Poco a poco, ve saliendo del trance y volviendo a la realidad. Los santos se quedarán por ahí cerca. La luz azul seguirá esparcida por el mundo.

Este Ritual puede y debe ser hecho con más de una persona, si es necesario. En ese caso, las personas deben estar con las manos unidas.

Hasta ese momento, Petrus nunca había emitido ninguna opinión, ni a favor ni en contra, sobre mi manera de realizar los ejercicios. Me había ayudado a interpretar el primer contacto con el Mensajero, me había sacado del trance en el Ejercicio de la Semilla, pero en ningún momento se interesó por los resultados que yo había conseguido. Más de una vez le había preguntado por qué no quería saber mis sensaciones, y él me respondió que su única obligación, como guía, era la de mostrarme el Camino y las Prácticas de RAM. Me tocaba a mí disfrutar o despreciar los resultados.

Cuando él dijo que participaría conmigo del ejercicio, de repente me sentí indigno de sus elogios. Conocía mis fallas y muchas veces había dudado de su capacidad de conducirme por el Camino. Quise decirle todo eso, pero él me interrumpió antes de comenzar.

—No seas cruel contigo mismo o no habrás aprendido la lección que te enseñé antes. Sé gentil. Acepta un elogio que mereces.

Mis ojos se llenaron de agua. Petrus me tomó de las manos y salimos. La noche estaba oscura, más oscura de lo normal. Me senté a su lado y comenzamos a cantar. La canción surgía dentro de mí y él me acompañaba sin esfuerzo. Comencé a batir palmas bajito, mientras balanceaba el cuerpo del frente hacia atrás. Las palmas fueron aumentando de intensidad y la música fluía suelta dentro de mí, un cántico de alabanza al cielo oscuro, a la planicie desértica, a las rocas sin vida. Comencé a ver los santos en los que creía de niño y que la vida había apartado de mí, porque yo también había matado una gran parte de Ágape. Pero ahora el Amor que Devora volvía generoso y los santos sonreían en el cielo con la misma cara y la misma intensidad con que los veía cuando era niño.

Abrí los brazos para que Ágape fluyera y una corriente misteriosa de luz azul brillante comenzó a entrar y salir de mí, lavando toda mi alma, perdonando mis pecados. La luz se esparció primero por el paisaje y después envolvió al mundo, y yo comencé a llorar. Lloraba porque estaba reviviendo el Entusiasmo, era un niño ante la vida, y nada en aquel momento podría causarme ningún daño. Sentí una presencia cerca de nosotros; se sentaba a mi derecha. Imaginé que era mi Mensajero y que él era el único que podía distinguir aquella luz tan fuerte, que salía y entraba de mí y se desparramaba por el mundo.

La luz fue aumentando de intensidad y sentí que envolvía al mundo entero, penetraba en cada puerta y en cada callejón, alcanzaba por lo menos por una fracción de segundo a cada ser vivo.

Sentí que sujetaban mis manos abiertas y extendidas al cielo. En este momento el flujo de luz azul aumentó y se volvió tan fuerte que creí que me iba a desmayar. Pero logré mantenerlo por algunos minutos más, hasta que la canción que estaba cantando hubiese terminado.

Entonces me relajé, sintiéndome completamente exhausto, pero más libre y contento con la vida y con lo que acababa de experimentar. Las manos que sujetaban las mías me soltaron. Percibí que una de ellas era de Petrus y, en el fondo de mi corazón, presentí de quién era la otra mano.

Abrí los ojos y, a mi lado, estaba el monje Alfonso. Sonrió y me dijo "buenas noches". Yo sonreí también, volví a tomar su

mano y la apreté fuerte contra mi pecho. Él dejó que yo lo hiciera y después se soltó con delicadeza.

Ninguno de los tres dijo nada. Algún tiempo después, Alfonso
se levantó y caminó nuevamente a la planicie rocosa. Yo lo acompañé con la mirada hasta que la oscuridad lo ocultó por completo.

Petrus rompió el silencio poco después. No hizo mención
alguna a Alfonso.

—Realiza este ejercicio siempre que puedas, y poco a poco
Ágape habitará de nuevo en ti. Repítelo antes de comenzar un
proyecto, en los primeros días de un viaje, o cuando sientas que
algo te emocionó mucho. Si es posible, hazlo con alguien a quien
quieras. Es un ejercicio para ser compartido.

Ahí estaba nuevamente el viejo Petrus técnico, instructor y
guía, del cual yo sabía tan poco. La emoción que había demostrado en la cabaña ya había pasado. Sin embargo, cuando había
tocado mi mano durante el ejercicio, yo había sentido la grandeza de su alma.

Regresamos a la ermita blanca, donde estaban nuestras cosas.

—Su ocupante no volverá hoy. Creo que podemos dormir
aquí —dijo Petrus, acostándose.

Desenrollé la bolsa de dormir, tomé un trago de vino y me
acosté también. Estaba exhausto con el Amor que Devora. Pero
era un cansancio libre de tensiones y, antes de cerrar los ojos, recordé al monje barbado, delgado, que me había deseado buenas
noches y que se había sentado a mi lado. En algún lugar, allá
afuera, ese hombre estaba siendo consumido por la llama divina.
Tal vez por eso aquella noche estaba tan oscura, porque él había
condensado en sí mismo toda la luz del mundo.

La muerte

—¿Ustedes son peregrinos? —preguntó la vieja señora que nos servía el desayuno. Estábamos en Azofra, una aldea de pequeñas casas con escudos medievales en la fachada y con una fuente donde minutos antes habíamos llenado nuestras cantimploras.

Respondí que sí, y los ojos de la mujer mostraron respeto y orgullo.

—Cuando yo era niña, pasaba por aquí cuando menos un peregrino al día, de camino a Compostela. Después de la guerra y de Franco no sé lo que hubo, pero parece que la peregrinación paró. Debían hacer una carretera. Hoy en día las personas sólo quieren andar en carro.

Petrus no dijo nada. Había despertado de mal humor. Yo estuve de acuerdo con la mujer e imaginé una carretera nueva y asfaltada subiendo por montañas y valles, autos con veneras pintadas en el cofre y tiendas de souvenirs en las puertas de los conventos. Acabé de tomar el café con leche y el pan con aceite. Mirando la guía de Aymeric Picaud, calculé que en algún momento de la tarde debíamos llegar a Santo Domingo de La Calzada, y yo planeaba dormir en el Parador Nacional.[11] Estaba gastando mucho menos dinero de lo que había planeado, a pesar de hacer siempre tres comidas al día. Era hora de cometer la extravagancia y dar a mi cuerpo el mismo tratamiento que estaba dando a mi estómago.

Había despertado con una prisa extraña, con ganas de llegar pronto a Santo Domingo, una sensación que dos días antes, cuando caminábamos a la ermita, estaba convencido de que no volvería a tener. Petrus también estaba más melancólico, más callado que de costumbre, y yo no sabía si era a causa del encuentro con Alfonso, dos días antes. Sentí un gran deseo de invocar a Astrain y conversar un poco sobre aquello. Pero nunca había hecho la invocación en la mañana y no sabía si daría resultado. Desistí de la idea.

Acabamos nuestro café y retomamos la caminata. Cruzamos una casa medieval con su blasón, las ruinas de una antigua hostería de peregrinos y un parque provinciano en los límites del poblado. Cuando me preparaba para internarme de nuevo en los campos, sentí una fuerte presencia a mi lado izquierdo. Seguí adelante, pero Petrus me detuvo.

—De nada sirve correr —dijo—. Para y enfréntalo.

Hice el intento de soltarme de Petrus y seguir adelante. El sentimiento era desagradable, una especie de cólico en la región del estómago. Por algunos momentos quise creer que era el pan con aceite, pero yo ya había sentido eso antes y no me podía engañar. Tensión. Tensión y miedo.

—Mira para atrás —la voz de Petrus tenía un tono de urgencia—. ¡Mira antes de que sea tarde!

[11] Los paradores nacionales son antiguos castillos y monumentos históricos transformados por el gobierno español en hoteles de primera categoría.

Me di la vuelta. A mi lado izquierdo había una pequeña casa abandonada, con la vegetación quemada por el sol invadiendo su interior. Un olivo extendía sus ramas torcidas al cielo. Y entre el olivo y la casa, mirándome fijamente, estaba un perro.

Un perro negro, el mismo perro que yo había expulsado de la casa de la mujer unos días atrás.

Perdí la noción de la presencia de Petrus y miré con firmeza a los ojos del animal. Algo dentro de mí, tal vez la voz de Astrain o de mi ángel de la guarda, me decía que si yo desviaba la mirada, él me atacaría. Nos quedamos así, mirando uno en los ojos del otro, por interminables minutos. Yo sentía que, después de haber experimentado toda la grandeza del Amor que Devora, estaba de nuevo ante las amenazas diarias y constantes de la existencia. Pensaba por qué ese animal me había seguido hasta tan lejos, qué era lo que quería finalmente, porque yo era un peregrino en busca de una espada y no tenía ganas ni paciencia de meterme en dificultades con personas o animales por el camino. Traté de decir todo eso a través de mis ojos, recordando a los monjes del convento que se comunicaban con la vista, pero el perro no se movía. Seguía mirándome fijamente, sin ninguna emoción, pero listo para atacarme si yo me distraía o demostraba miedo.

¡Miedo! Percibí que el miedo había desaparecido. Consideraba que la situación era demasiado estúpida como para tener miedo. Mi estómago estaba contraído y tenía ganas de vomitar por la tensión, pero no tenía miedo. Si lo tuviera, algo me decía que mis ojos me denunciarían y el animal me derribaría de nuevo, como había hecho antes. No debía desviar la vista, ni siquiera cuando presentí que un bulto se aproximaba por un pequeño camino a mi derecha.

El bulto se detuvo por unos instantes y después caminó directamente hacia nosotros. Cruzó la línea de nuestras miradas, diciendo algo que no logré entender. Era una voz femenina, y su presencia era buena, amigable y positiva.

En la fracción de segundo que el bulto se colocó entre mis ojos y los del perro, mi estómago se relajó. Tenía un amigo poderoso, que estaba ahí ayudándome en aquella lucha absurda e innecesaria. Cuando el bulto terminó de pasar, el perro había bajado la mirada. Dando un salto, corrió hacia la parte trasera de la casa abandonada y yo lo perdí de vista.

Sólo en ese momento mi corazón se disparó de miedo. La taquicardia fue tan grande que me atontó y creí que me iba a desmayar. Mientras todo el escenario daba vueltas, miré hacia la carretera por donde pasáramos Petrus y yo hacía algunos minutos, buscando al bulto que me diera fuerzas para derrotar al perro.

Era una monja. Estaba de espaldas, caminando en dirección a Azofra, y yo no podía ver su rostro, pero recordé su voz y calculé que debía tener, como máximo, veinte y pocos años. Miré hacia el camino de donde ella viniera: un pequeño atajo que no daba a ninguna parte.

—Fue ella... fue ella quien me ayudó —murmuré, mientras la ofuscación aumentaba.

—No andes creando más fantasías en un mundo ya de por sí tan extraordinario —dijo Petrus, acercándose y tomándome del brazo—. Ella vino de un convento en Cañas, que queda a unos cinco kilómetros de aquí. Es claro que no puedes verlo.

Mi corazón seguía disparado y me convencí de que la pasaría mal. Estaba demasiado aterrorizado para hablar o pedir explicaciones. Me senté en el suelo y Petrus derramó un poco de agua en mi frente y en la nuca. Recordé que él había actuado así cuando salimos de la casa de la mujer, pero aquel día yo estaba llorando y me sentía bien. Ahora la sensación era opuesta.

Petrus me dejó descansar el tiempo suficiente. El agua me reanimó un poco y el mareo comenzó a pasar. Lentamente, las cosas volvían a la normalidad. Cuando me sentí reanimado, Petrus me pidió que camináramos un poco, y yo obedecí. Anduvimos unos quince minutos, pero el agotamiento volvió. Nos sentamos a los pies de un *rollo*, una columna medieval con una cruz encima, que marcaba algunos trechos de la Ruta Jacobea.

—Tu miedo te hizo más daño que el perro —dijo Petrus, mientras yo descansaba.

Quise saber el porqué de aquel encuentro absurdo.

—En la vida y en el Camino de Santiago, existen ciertas cosas que suceden independientemente de nuestra voluntad. En nuestro primer encuentro, te dije que había leído en la mirada del gitano el nombre del demonio que habías de enfrentar. Me sorprendió mucho saber que ese demonio era un perro, pero no te dije nada en esa ocasión. Sólo cuando llegamos a la casa de la mujer, y tú manifestaste por primera vez el Amor que Devora, pude ver a tu enemigo.

"Cuando apartaste al perro de aquella señora, no lo pusiste en ningún lugar. Nada se pierde, todo se transforma, ¿no es verdad? No lanzaste a los espíritus a una piara que se arrojó a un despeñadero, como hizo Jesús. Tú simplemente apartaste al perro. Ahora, esa fuerza vaga sin rumbo detrás de ti. Antes de encontrar tu espada, tendrás que decidir si deseas ser esclavo o señor de esa fuerza."

Mi cansancio comenzó a pasar. Respiré profundo, sintiendo la piedra fría del *rollo* en mi espalda. Petrus me dio otro poco de agua y prosiguió:

—Los casos de obsesión suceden cuando se pierde el dominio de las fuerzas de la tierra. La maldición del gitano dejó a esa mujer con miedo, y el miedo abrió una brecha por donde penetró el Mensajero del muerto. Éste no es un caso común, pero tampoco es un caso raro. Depende mucho de cómo reacciones a las amenazas de los demás.

Esta vez fui yo quien recordó un pasaje de la Biblia. En el libro de Job estaba escrito: "Todo lo que más temía me sucedió".

—Una amenaza no puede provocar nada si no es aceptada. Nunca te olvides de eso cuando libres el Buen Combate. Así como tampoco debes olvidar que atacar o huir forman parte de la lucha. Lo que no es parte de la lucha es quedar paralizado de miedo.

Yo no sentí miedo en ese momento. Estaba sorprendido conmigo mismo y lo comenté con Petrus.

—Lo percibí. En caso contrario, el perro habría atacado. Y probablemente habría vencido en el combate. Porque el perro tampoco tenía miedo. Sin embargo, lo más gracioso fue la llegada de aquella monja. Al presentir una presencia positiva, tu fértil imaginación creyó que alguien venía a ayudarte. Y esta fe te salvó. Aunque estuviera basada en un hecho totalmente falso.

Petrus tenía razón. Él soltó una buena carcajada y yo reí junto con él. Nos levantamos para retomar la caminata. Ya me estaba sintiendo ligero y bien dispuesto.

—Sin embargo, es preciso que sepas algo —dijo Petrus, mientras caminábamos—. El duelo con el perro sólo puede acabar con la victoria de uno de los dos. Él volverá a aparecer, y la próxima vez procura llevar la lucha hasta el fin. Si no, su fantasma te preocupará por el resto de tus días.

En el encuentro con el gitano, Petrus me había dicho que conocía el nombre de ese demonio. Pregunté cuál era.

—Legión —respondió—. Porque son muchos.

Caminábamos por tierras que los campesinos preparaban para la siembra. Aquí y allá algunos labradores manejaban rudimentarias bombas de agua, en la lucha secular contra el suelo árido. Por las orillas del Camino de Santiago, piedras apiladas formaban muros que no terminaban nunca, que se cruzaban y se confundían con los dibujos del campo. Pensé en los muchos siglos en que aquellas tierras habían sido trabajadas, y aun así todavía surgía siempre una piedra que sacar, una piedra que rompía la lámina del arado, que dejaba cojo al caballo, que marcaba con callos la mano del labrador. Una lucha que comenzaba cada año y que no acababa nunca.

Petrus estaba más quieto que de costumbre, y recordé que, desde temprano, casi no había dicho nada. Después de la conversación junto al *rollo* medieval, se había encerrado en su mutismo y no respondía a la mayoría de mis preguntas. Yo quería conocer mejor aquella historia de "muchos demonios". Él me había explicado antes que cada persona tiene sólo un Mensajero. Pero Petrus no estaba dispuesto a hablar del asunto y decidí esperar una oportunidad.

Subimos por una pequeña elevación, y al llegar a la cima, pude ver la torre principal de la iglesia de Santo Domingo de La Calzada. La visión me animó; comencé a soñar con la comodidad y la magia del Parador Nacional. Por lo que había leído antes, el edificio había sido construido por el propio Santo Domingo para hospedar a los peregrinos. Cierta noche pernoctó ahí San Francisco de Asís, en su caminar hasta Compostela. Todo eso me llenaba de excitación.

Debían ser casi las siete de la tarde cuando Petrus pidió que paráramos. Me acordé de Roncesvalles, de la lenta caminata cuando yo necesitaba tanto una copa de vino a causa del frío, y temí que estuviera preparando algo semejante.

—Un Mensajero jamás te ayudará a derrotar a otro. Ellos no son buenos ni malos, como ya te dije, pero tienen un sentimiento de lealtad entre sí. No confíes en Astrain para derrotar al perro.

Ahora era yo el que no estaba dispuesto a hablar de Mensajeros. Quería llegar pronto a Santo Domingo.

—Los Mensajeros de personas muertas pueden ocupar el cuerpo de alguien dominado por el miedo. Por eso es que, en el caso del perro, son muchos. Vinieron atraídos por el miedo de la mujer. No sólo el del gitano asesinado, sino los diversos Mensajeros que vagaban por el espacio, buscando una forma de entrar en contacto con las fuerzas de la tierra.

Sólo ahora estaba respondiendo a mi pregunta. Pero había algo en su manera de hablar que parecía artificial, como si no fuera ése el asunto que quería conversar conmigo. Inmediatamente, mi instinto me puso sobre aviso.

—¿Qué es lo que quieres, Petrus? —pregunté, un poco irritado.

Mi guía no respondió. Salió del camino y se dirigió hacia un viejo árbol, casi sin hojas, que estaba a unas decenas de metros dentro del campo, y era el único árbol visible en el horizonte. Como no me había hecho seña de que lo siguiera, me quedé en pie en el camino y presencié una escena extraña: Petrus daba vueltas en torno al árbol y decía algo en voz alta, mientras miraba al suelo. Cuando acabó, me hizo señas de que me acercara.

—Siéntate aquí —dijo. Había un tono diferente en su voz, y yo no podía saber si era de afecto o de pena—. Quédate aquí. Mañana te veo en Santo Domingo de La Calzada.

Antes de que pudiera decir algo, Petrus continuó:

—Cualquier día de estos, y te garantizo que no será hoy, tendrás que enfrentar a tu enemigo más importante en el Camino de Santiago: el perro. Cuando llegue ese día, permanece tranquilo, que yo estaré cerca y te daré la fuerza necesaria para el combate. Pero hoy vas a enfrentar a otro tipo de enemigo, un enemigo ficticio que puede destruirte o volverse tu mejor compañero: la Muerte.

"El hombre es el único ser en la naturaleza que tiene conciencia de que va a morir. Por eso, y sólo por eso, tengo un profundo respeto por la raza humana, y creo que su futuro será mucho mejor que su presente. Incluso sabiendo que sus días están contados, y que todo acabará cuando menos lo espere, hace de la vida una lucha digna de un ser eterno. Considero que eso que las personas llaman vanidad —dejar obras, hijos, hacer que su nombre no sea olvidado— es la máxima expresión de la dignidad humana.

"Sucede que, criatura frágil, siempre intenta ocultarse a sí mismo la gran certeza de la Muerte. No ve que ella es quien lo motiva a hacer las mejores cosas de su vida. Tiene miedo del paso a lo oscuro, del gran terror de lo desconocido, y su única manera de vencer ese miedo es olvidar que sus días están contados. No se da cuenta que, con la conciencia de la Muerte, sería capaz de atreverse mucho más, de ir mucho más lejos en sus conquistas diarias, porque no tiene nada que perder, ya que la Muerte es inevitable."

La idea de pasar la noche en Santo Domingo me parecía ya algo distante. Seguía cada vez con más interés las palabras de Petrus. En el horizonte, el sol comenzaba a morir. Tal vez también estuviera escuchando aquellas palabras.

—La Muerte es nuestra gran compañera, porque es ella la que da verdadero sentido a nuestra vida. Pero para poder ver la verdadera cara de la Muerte, antes tenemos que conocer toda la ansiedad y los terrores que la simple mención de su nombre es capaz de despertar en cualquier ser vivo.

Petrus se sentó debajo del árbol y me pidió que hiciera lo mismo. Dijo que, momentos antes, había dado vueltas en torno al tronco porque se acordaba de todo lo que había pasado cuando era peregrino camino a Santiago. Después, sacó de la mochila dos sándwiches que había comprado a la hora del almuerzo.

—Aquí donde estás no existe ningún peligro —dijo, entregándome los sándwiches—. No hay serpientes venenosas y el perro sólo volverá a atacarte cuando olvide la derrota de hoy en la mañana. Tampoco existen asaltantes ni criminales en los alrededores. Estás en un lugar absolutamente seguro, con una única excepción: el peligro de tu miedo.

Petrus me dijo que dos días atrás yo había experimentado una sensación tan intensa y violenta como la muerte, que era el Amor que Devora. Y que, en momento alguno, yo había vacilado o sentido miedo, porque no tenía prejuicios con respecto al amor universal. Pero todos teníamos prejuicios con relación a la Muerte, sin darnos cuenta que ella es sólo una manifestación más de Ágape. Le respondí que, con todos los años de entrenamiento en la magia, yo prácticamente había perdido el miedo a la muerte. En realidad, me daba más pavor la manera de morir que la muerte propiamente dicha.

—Pues entonces, hoy en la noche, experimenta la manera más pavorosa de morir.

Y Petrus me enseñó EL EJERCICIO DEL ENTERRADO VIVO.

—Sólo deberás hacerlo una vez —dijo él, mientras yo recordaba un ejercicio de teatro muy parecido—. Es preciso que despiertes a toda la verdad, todo el miedo necesario para que el ejercicio pueda surgir de las raíces de tu alma, y dejar caer la máscara de horror que cubre la cara amable de tu Muerte.

Petrus se puso en pie y vi su silueta contra el fondo del cielo incendiado por la puesta de sol. Como yo seguía sentado, él daba la impresión de ser una figura imponente, gigantesca.

—Petrus, todavía tengo una pregunta.

—¿Cuál?

—Hoy en la mañana estabas callado y extraño. Presentiste antes que yo la llegada del perro. ¿Cómo fue posible?

—Cuando experimentamos juntos el Amor que Devora, compartimos el Absoluto. El Absoluto muestra a los hombres lo que son realmente, una inmensa tela de causas y efectos, donde cada pequeño gesto de uno se refleja en la vida del otro. Hoy en la mañana esa rebanada de Absoluto todavía estaba muy viva en mi alma. Yo estaba percibiendo no sólo a ti, sino todo lo que existe en el mundo, sin límite de tiempo ni espacio. Ahora el efecto es más débil y sólo volverá la próxima vez que realice el ejercicio del Amor que Devora.

Recordé el mal humor de Petrus esa mañana. Si lo que decía era verdad, el mundo estaba pasando por un momento muy difícil.

—Te estaré esperando en el Parador —dijo, mientras se alejaba—. Dejaré tu nombre en la recepción.

Lo acompañé con la mirada mientras pude. En los campos a mi izquierda, los labradores habían acabado la jornada y volvían a casa. Decidí hacer el ejercicio cuando cayera la noche.

EL EJERCICIO
DEL ENTERRADO VIVO

Acuéstate en el suelo y relájate. Cruza las manos sobre el pecho, en la postura de muerto.

Imagina todos los detalles de tu entierro, si fuera a realizarse mañana. La única diferencia es que estarás siendo enterrado vivo. A medida que la historia se vaya desarrollando —capilla, caminata hasta la tumba, descenso del ataúd, los gusanos en la sepultura—, irás tensando todos los músculos cada vez más, en un esfuerzo desesperado por moverte. Pero no te mueves. Hasta que, cuando no aguantes más, en un movimiento que abarque todo tu cuerpo, desprendes a los lados las tablas del ataúd, respiras profundo y estás libre. Este movimiento tendrá más efecto si es acompañado de un grito, un grito salido de las profundidades de tu cuerpo.

Yo estaba tranquilo. Era la primera vez que me quedaba completamente solo desde que había comenzado a recorrer el Extraño Camino de Santiago. Me levanté y di un paseo por las inmediaciones, pero la noche caía rápido y decidí volver al árbol, tenía miedo de perderme. Antes de que sobreviniera la oscuridad, marqué mentalmente la distancia del árbol al Camino. Como no había ninguna luz que me pudiera confundir, sería perfectamente capaz de ver la pequeña luna nueva que comenzaba a mostrarse en el cielo.

Hasta ese instante, yo no tenía miedo alguno y creía que sería necesaria mucha imaginación para despertar en mí los recelos de una muerte horrible. Pero no importa cuántos años vivamos; cuando cae la noche, trae consigo temores escondidos en nuestra alma desde niños. Mientras más oscuro estaba, más incómodo me sentía.

Estaba ahí solo en el campo y, si gritara, nadie me escucharía. Recordé que podía haber tenido un colapso aquella mañana. Nunca, en toda mi vida, había sentido el corazón tan descontrolado.

¿Y si hubiese muerto? La vida se habría acabado, era la conclusión más lógica. Durante mi camino en la Tradición, había conversado con muchos espíritus. Tenía la certeza absoluta de la vida después de la muerte, pero nunca se me ocurrió preguntar cómo se daba esa transición. Por más preparados que estemos, pasar de una dimensión a otra debe ser terrible. Si hubiese muerto esa mañana, por ejemplo, no tendrían el menor sentido el Camino de Santiago, los años de estudio, la nostalgia por la familia, el dinero escondido en el cinturón. Recordé una planta que tenía encima de mi mesa de trabajo, en Brasil. La planta continuaría y, como ella, también las otras plantas, los ómnibus, el verdulero de la esquina que siempre cobraba más caro, la telefonista que me informaba los números fuera del directorio. Todas esas pequeñas cosas, que podían desaparecer si yo hubiese tenido un colapso aquella mañana, cobraron de pronto una enorme importancia para mí. Eran ellas, y no las estrellas o la sabiduría, las que me decían que estaba vivo.

La noche ahora estaba muy oscura y en el horizonte podía distinguir el brillo débil de la ciudad. Me acosté en el suelo y me quedé mirando las ramas del árbol por encima de mi cabeza. Comencé a escuchar ruidos extraños, de todo tipo. Eran los animales nocturnos, que salían de cacería. Petrus no podía saberlo todo, si era tan humano como yo. ¿Qué garantía podía tener de que realmente no existían serpientes venenosas, y los lobos, los eternos lobos europeos, no podían haber decidido pasear aquella noche por ahí, al percibir mi olor? Un ruido más fuerte, semejante a una rama que se quiebra, me asustó y mi corazón se disparó de nuevo.

Me estaba poniendo muy tenso; lo mejor era hacer ya el ejercicio e irme al hotel. Comencé a relajarme y crucé las manos sobre el pecho, en la postura de muerto. Algo a mi lado se movió. Di un salto y me puse inmediatamente en pie.

No era nada. La noche lo había invadido todo y traído consigo los terrores del hombre. Me acosté de nuevo, esta vez decidido a transformar cualquier miedo en un estímulo para el ejercicio. Percibí que estaba sudando, a pesar de que la temperatura había descendido bastante.

Imaginé el ataúd siendo cerrado y los tornillos colocados en su lugar. Yo estaba inmóvil, pero estaba vivo, y tenía ganas de decirle a mi familia, que estaba viendo todo, que los amaba, pero ningún sonido salía de mi boca. Mi padre, mi madre llorando, los amigos a mi alrededor, ¡y yo estaba solo! Con tanta gente querida ahí, nadie era capaz de darse cuenta que yo estaba vivo, que todavía no había hecho todo lo que deseaba hacer en este mundo. Intentaba desesperadamente abrir los ojos, hacer una señal, dar un golpe en la tapa del cajón. Pero nada en mi cuerpo se movía.

Sentí que el féretro se balanceaba: me estaban transportando a la tumba. Podía escuchar el ruido de argollas rozando las agarraderas de hierro, los pasos de las personas atrás, una que otra voz conversando. Alguien dijo que tenía una cena más tarde, otro comentó que yo había muerto muy pronto. El olor de las flores alrededor de mi cabeza comenzó a sofocarme.

Recordé que había dejado de cortejar a dos o tres mujeres, temiendo ser rechazado. Recordé también algunas ocasiones en que había dejado de hacer lo que quería, creyendo que podría hacerlo más tarde. Sentí una enorme pena por mí mismo, no sólo porque estaba siendo enterrado vivo, sino porque había tenido miedo de vivir. ¿Cuál es el miedo de recibir un "no", de dejar algo para después, si lo más importante de todo era gozar plenamente la vida? Ahí estaba encerrado en un cajón, y ya era demasiado tarde para volver atrás y demostrar el coraje que debía haber tenido.

Ahí estaba yo, que había sido mi propio Judas y traicionado a mí mismo. Ahí estaba sin poder mover un músculo, la mente gritando por ayuda y las personas allá afuera inmersas en su vida, preocupadas por lo que harían en la noche, mirando las estatuas y los edificios que yo nunca más volvería a ver. Me invadió un sentimiento de gran injusticia, por haber sido enterrado mientras los demás seguían viviendo. Mejor hubiera sido una gran catástrofe, y todos nosotros yéndonos juntos en el mismo barco, hacia el mismo punto negro hacia el que me llevaban ahora. ¡Socorro! ¡Estoy vivo, no morí, mi mente sigue funcionando!

Colocaron el ataúd en el borde de la sepultura. ¡Me van a enterrar! ¡Mi mujer me olvidará, se casará con otro y gastará el dinero que luchamos por juntar durante todos estos años! ¿Pero qué importancia tiene eso? ¡Quiero estar con ella ahora, porque estoy vivo!

Escucho llantos, siendo que de mis ojos ruedan también dos lágrimas. Si abrieran el féretro ahora, me verían y me salvarían. Pero todo lo que siento es el ataúd bajando en la sepultura. De repente, todo está oscuro. Antes entraba una pequeña rendija de luz por el borde del cajón, pero ahora la oscuridad es total. ¡Las palas de los sepultureros están cerrando la tumba, y yo estoy vivo! ¡Enterrado vivo! Siento que el aire se pone pesado, el olor de las flores es insoportable, y escucho los pasos de las personas que se alejan. El terror es total. ¡No consigo moverme, y si se van ahora, en breve será de noche y nadie me escuchará golpeando en la tumba!

Los pasos se alejan, nadie escucha los gritos que da mi pensamiento, estoy solo y la oscuridad, el aire enrarecido, el olor de las flores comienzan a enloquecerme. De repente escucho un ruido. Son los gusanos, los gusanos que se acercan para devorarme vivo. Intento con todas mis fuerzas mover alguna parte del cuerpo, pero todo permanece inerte. Pasean por mi rostro, entran por mis pantalones. Uno de ellos penetra en mi ano, otro comienza a reptar por una fosa nasal. ¡Socorro! Estoy siendo devorado vivo y nadie me escucha, nadie me dice nada. El gusano que entró por la nariz desciende por la garganta. Siento otro entrando por mi oído. ¡Tengo que salir de aquí! ¿Dónde está Dios, que no responde? ¡Comenzaron a devorar mi garganta y ya no voy a poder gritar! Están entrando por todas partes, por el oído, por los lados de la boca, por el orificio del pene. Siento aquellas cosas grasosas y pegajosas dentro de mí, ¡tengo que gritar, tengo que liberarme! ¡El aire está faltando y los gusanos me están comiendo! Tengo que moverme. ¡Tengo que reventar este ataúd! ¡Dios mío, reúne todas mis fuerzas, porque me tengo que mover! ¡TENGO QUE SALIR DE AQUÍ! ¡TENGO QUE HACERLO! ¡ME VOY A MOVER! ¡ME VOY A MOVER!

¡LO CONSEGUÍ!

Las tablas del féretro volaron para todas partes, la tumba desapareció, y yo llené el pecho con el aire puro del Camino de Santiago. Mi cuerpo temblaba de pies a cabeza, empapado en sudor. Me moví un poco y percibí que mis intestinos se habían vaciado. Pero nada de eso tenía importancia: yo estaba vivo.

El temblor continuaba y no hice el menor esfuerzo para controlarlo. Me invadió una inmensa sensación de calma interior, y sentí una especie de presencia a mi lado. Miré y vi el rostro de mi Muerte. No era la muerte que había experimentado minutos antes, la muerte creada por mis terrores y por mi imaginación, sino mi verdadera Muerte, amiga y consejera, que ya no me dejaría ser cobarde ni un solo día de mi vida. A partir de ahora, ella me ayudaría más que la mano y los consejos de Petrus. Ya no permitiría que dejara para el futuro todo lo que podía vivir ahora. No me dejaría huir de las luchas de la vida y me ayudaría a librar el Buen Combate. Nunca más, en ningún momento, me sentiría ridículo al hacer algo. Porque ahí estaba ella, diciéndome que, cuando me tomara las manos para viajar juntos a otros mundos, yo no debía cargar conmigo el mayor pecado de todos: el Arrepentimiento. Con la seguridad de su presencia, mirando su rostro gentil, tuve la convicción de que bebería con avidez la fuente del agua viva que es esta existencia.

La noche ya no tenía más secretos ni terrores. Era una noche feliz, una noche de paz. Cuando pasaron los temblores, me levanté y caminé hacia las bombas de agua de los trabajadores del campo. Lavé mis bermudas y me puse otra que traía en la mochila. Después, volví al árbol y me comí los dos sándwiches que Petrus me había dejado. Era el alimento más delicioso del mundo, porque yo estaba vivo y la Muerte no me asustaba más.

Decidí dormir ahí mismo. Finalmente, la oscuridad nunca había sido tan tranquila.

LOS VICIOS PERSONALES

Estábamos en un campo inmenso, un campo de trigo liso y monótono, que se extendía por todo el horizonte. Lo único que quebraba el tedio del paisaje era una columna medieval rematada por una cruz, que marcaba el camino de los peregrinos. Llegando frente a la columna, Petrus soltó su mochila en el suelo y se arrodilló. Me pidió que hiciera lo mismo.

—Vamos a rezar. Vamos a rezar por la única cosa que derrota a un peregrino cuando encuentra su espada: sus vicios personales. Por más que aprenda con los Grandes Maestros cómo manejar una hoja, una de sus manos será siempre su peor enemigo. Vamos a rezar para que, en caso de que logres encontrar tu espada, la sujetes siempre con la mano que no te escandaliza.

Eran las dos de la tarde. No se escuchaba ningún ruido, y Petrus comenzó:

—Tened piedad, Señor, porque somos peregrinos de camino a Compostela, y esto puede ser un vicio. Haced, en vuestra infinita piedad, que jamás logremos volver el conocimiento contra nosotros mismos.

"Tened piedad de los que tienen piedad de sí mismos y se creen buenos y desfavorecidos por la vida, porque no merecían las cosas que les sucedieron, pues estos jamás conseguirán librar el Buen Combate. Y tened piedad de los que son crueles consigo mismos y sólo ven maldad en los propios actos, y se consideran culpables de las injusticias del mundo. Porque estos no conocieron Tu ley que dice: 'Hasta los cabellos de tu cabeza están contados'.

"Tened piedad de los que ordenan y de los que cumplen horas seguidas de trabajo, y se sacrifican a cambio de un domingo donde todo está cerrado y no hay lugar adonde ir. Pero tened más piedad de los que santifican su obra y van más allá de los límites de su propia locura, y terminan endeudados o clavados en la cruz por sus propios hermanos. Porque estos no conocieron Tu ley que dice: 'Sed prudente como las serpientes y simples como las palomas'.

"Tened piedad porque el hombre no puede vencer al mundo y nunca librar el Buen Combate consigo mismo. Pero tened más piedad de los que vencieron en el Buen Combate consigo mismos y ahora están por las esquinas y los bares de la vida, porque no consiguieron derrotar al mundo. Porque estos no conocieron Tu ley que dice: 'Quien observa mis palabras tiene que edificar su casa en la roca'.

"Tened piedad de los que tienen miedo de tomar la pluma, el pincel, el instrumento, la herramienta, porque creen que alguien ya lo hizo mejor que ellos y no se sienten dignos de entrar en la mansión portentosa del Arte. Pero tened más piedad de los que tomaron la pluma, el pincel, el instrumento y la herramienta y transformaron la Inspiración en una forma mezquina de sentirse mejores que los otros. Estos no conocieron Tu ley que dice: 'Nada está oculto sino para ser manifiesto, y nada se esconde sino para ser revelado'.

"Tened piedad de los que comen, y beben, y se hartan, pero son infelices y solitarios en su hartazgo. Pero tened más piedad de los que ayunan, censuran, prohíben y se sienten santos, y van predicando Tu nombre por las plazas. Porque estos no conocen Tu ley que dice: 'Si yo testifico el respeto por mí mismo, mi testimonio no es verdadero'.

"Tened piedad de los que temen a la Muerte y desconocen los muchos reinos que caminaron y las muchas muertes que ya murieron, y son infelices porque piensan que todo acabará un día. Pero tened más piedad de los que conocieron sus muchas muertes y hoy se juzgan inmortales, porque desconocen Tu ley que dice: 'Quien no nazca de nuevo no podrá ver el Reino de Dios'.

"Tened piedad de los que se esclavizan por el lazo de seda del amor y se juzgan dueños de alguien, y sienten celos, y se matan con veneno, y se torturan porque no pueden ver que el Amor cambia como el viento y como todas las cosas. Pero tened más piedad de los que mueren de miedo de amar y rechazan el amor en nombre de un Amor Mayor que no conocen, porque no conocen Tu ley que dice: 'Quien beba de esta agua nunca más volverá a tener sed'.

"Tened piedad de los que no ven a nadie además de sí mismos, y para quien los demás son un escenario difuso y distante cuando pasan por la calle en sus limusinas, y se encierran en oficinas con aire acondicionado en el último piso, y sufren en silencio la soledad del poder. Pero tened más piedad de los que sueltan todo y son caritativos, y procuran vencer al mal sólo con amor, porque estos desconocen Tu ley que dice: 'Quien no tiene espada, que venda su capa y compre una'.

"Tened, Señor, piedad de nosotros, que buscamos y osamos empuñar la espada que prometiste, y que somos un pueblo santo y pecador, esparcido por la Tierra. Porque no nos reconocemos a nosotros mismos y muchas veces pensamos que estamos vestidos y estamos desnudos, pensamos que cometimos un crimen y en realidad salvamos a alguien. No os olvidéis en vuestra piedad por todos nosotros, que empuñamos la espada con la mano de un ángel y la mano de un demonio sujetando la misma empuñadura. Porque estamos en el mundo, seguimos en el mundo y pensamos en Ti. Necesitamos siempre de Tu ley que dice: 'Cuando os mandé sin bolsa, sin alforjas y sin sandalias, nada os faltó'."

Petrus dejó de rezar. El silencio continuaba. Él miraba fijamente el campo de trigo a nuestro alrededor.

LA CONQUISTA

Cierta tarde llegamos a las ruinas de un viejo castillo de la Orden del Templo. Nos sentamos a descansar, Petrus fumó su tradicional cigarrillo, y yo bebí un poco de vino que había sobrado del almuerzo. Miré el paisaje a nuestro derredor: algunas casas de labradores, la torre del castillo, el campo con ondulaciones, la tierra abierta, preparada para la siembra. De repente, a mi derecha, pasando por los muros en ruinas, un pastor volvía de los campos, trayendo sus ovejas. El cielo estaba rojo y la polvareda levantada por los animales hizo que el paisaje fuera difuso, como un sueño, una visión mágica. El pastor levantó la mano y nos hizo un ademán. Nosotros respondimos.

Las ovejas pasaron frente a nosotros y siguieron su camino. Petrus se levantó. La escena lo había impresionado.

—Vámonos ya. Necesitamos darnos prisa —dijo él.

—¿Por qué?

—Porque sí. Finalmente, ¿no crees que ya llevamos mucho tiempo en el Camino de Santiago?

Pero algo me decía que su prisa estaba relacionada con la escena mágica del pastor y sus ovejas.

Dos días después llegamos cerca de unas montañas que se elevaban al sur, rompiendo la monotonía de los inmensos campos cubiertos de trigo. El terreno tenía algunas elevaciones naturales, pero estaba bien señalizado con las marcas amarillas del Padre Jordi. Sin embargo Petrus, sin darme ninguna explicación, comenzó a apartarse de las marcas amarillas y a penetrar cada vez más en dirección al norte. Llamé su atención sobre este hecho, y él respondió de una forma seca, diciendo que era mi guía y que sabía adónde me estaba llevando.

Después de casi media hora de caminata comencé a escuchar un ruido semejante al de agua cayendo. Alrededor sólo había campos quemados por el sol, y empecé a imaginar qué ruido sería ese. Pero a medida que caminábamos el ruido aumentaba cada vez más, hasta que no quedó una sombra de duda de que provenía de una cascada. Lo único fuera de lo común es que yo miraba en derredor y no podía ver montañas, ni cascadas.

Fue cuando, cruzando una pequeña elevación, me encontré con una extravagante obra de la naturaleza: en una depresión del terreno donde cabría un edificio de cinco pisos, una cortina de agua se precipitaba hacia el centro de la tierra. Por las orillas del inmenso agujero, una vegetación exuberante, completamente distinta de la del lugar donde estaba parado, enmarcaba el agua que caía.

—Descenderemos aquí —dijo Petrus.

Comenzamos a bajar y me acordé de Julio Verne, pues era como si camináramos en dirección al centro de la Tierra. El descenso era escarpado y difícil, y tuve que agarrarme de ramas espinosas y piedras cortantes para no caer. Llegué al fondo de la depresión con los brazos y las piernas arañados.

—Bella obra de la naturaleza —dijo Petrus.

Estuve de acuerdo. Un oasis en medio del desierto, con la vegetación espesa y las gotas de agua formando un arcoíris; era tan bello visto de abajo como de arriba.

—Aquí la naturaleza demuestra su fuerza —insistió él.

—Es verdad —asentí.

—Y permite que demostremos nuestra fuerza también. Vamos a subir esta cascada —dijo mi guía—. Por en medio del agua.

Miré de nuevo el escenario frente a mí. Ya no podía ver el bello oasis, el capricho sofisticado de la naturaleza. Estaba ante una pared de más de quince metros de altura, por donde el agua caía con una fuerza ensordecedora. El pequeño lago formado por la caída de agua tenía un nivel que no superaba la altura de un hombre en pie, ya que el río escapaba con un ruido ensordecedor por una abertura que debía llegar a las profundidades de la tierra. No había puntos en la pared de donde yo pudiera agarrarme, ni profundidad suficiente en el pequeño lago para amortiguar la caída de alguien. Estaba ante una tarea absolutamente imposible.

Recordé una escena ocurrida cinco años atrás, en un ritual extremadamente peligroso y que exigía, como éste, una escalada. El Maestro me dio la oportunidad de decidir si quería o no continuar. Yo era más joven, estaba fascinado por sus poderes y por los milagros de la Tradición, y decidí seguir adelante. Era preciso demostrar mi coraje y mi bravura.

Después de casi una hora subiendo la montaña, cuando estaba ante la parte más difícil, un viento surgió con una fuerza inesperada y tuve que agarrarme con todas mis fuerzas de la pequeña plataforma donde estaba apoyado, para no despeñarme allá abajo. Cerré los ojos, esperando lo peor, y mantuve las uñas clavadas en la roca. Cuál no sería mi sorpresa al percibir, al minuto siguiente, que alguien me ayudaba a ponerme en una posición más cómoda y segura. Abrí los ojos y el Maestro estaba a mi lado.

Hizo algunos gestos en el aire y el viento paró súbitamente. Con una misteriosa agilidad, en la cual había momentos de puro ejercicio de levitación, bajó la montaña y me pidió que hiciera lo mismo.

Llegué abajo con las piernas temblorosas y le pregunté indignado por qué no había hecho que el viento parara antes de que me alcanzara.

—Porque yo fui quien mandó soplar al viento —respondió.

—¿Para matarme?

—Para salvarte. Serías incapaz de subir esta montaña. Cuando te pregunté si querías subir, no estaba probando tu coraje. Estaba probando tu sabiduría.

"Creaste una orden que yo no te di. Si supieras levitar, no habría problema. Pero te propusiste ser valiente, cuando bastaba con ser inteligente."

Ese día él me habló de magos que habían enloquecido en el proceso de iluminación, y que ya no podían distinguir entre sus propios poderes y los poderes de sus discípulos. En el transcurso de mi vida conocí grandes hombres en el terreno de la Tradición. Llegué a conocer a tres grandes Maestros, incluyéndome a mí, que eran capaces de llevar el dominio del plano físico a situaciones mucho más allá de lo que cualquier hombre es capaz de soñar. Vi milagros, presagios exactos del futuro, conocimiento de encarnaciones pasadas. Mi Maestro me habló de la Guerra de las Malvinas dos meses antes de que los argentinos invadieran las islas. Describió todo con detalles y me explicó el porqué de ese conflicto en el plano astral.

Pero a partir de aquel día, comencé a notar que además de eso existen Magos, como dijo el Maestro, "enloquecidos en el proceso de iluminación". Eran personas iguales en casi todo a los Maestros, incluso en los poderes: vi a uno de ellos hacer germinar una semilla en quince minutos de concentración extrema. Pero este hombre, y algunos otros, ya habían llevado a muchos discípulos a la locura y a la desesperación. Había casos de personas que habían ido a parar a hospitales psiquiátricos y por lo menos una historia confirmada de suicidio. Esos hombres estaban en la llamada "lista negra" de la Tradición, pero imposible mantener el control sobre ellos, y sé que muchos continúan actuando hasta hoy.

Toda esa historia me pasó por la mente en una fracción de segundo, al mirar aquella catarata imposible de ser escalada. Pensé en el inmenso tiempo en que Petrus y yo habíamos caminado juntos, recordé al perro que me atacó y que no le causó ningún daño, del descontrol en el restaurante con el chico que nos servía, de la borrachera en la fiesta de boda. Sólo conseguía recordar esas cosas.

—Petrus, yo no voy a subir esa cascada, de ninguna manera. Por una sola razón: es imposible.

Él no respondió nada. Se sentó en el pasto verde y yo hice lo mismo. Permanecimos casi quince minutos en silencio. Su silencio me desarmó y tomé la iniciativa de hablar de nuevo.

—Petrus, no quiero subir esa cascada porque voy a caer. Sé que no voy a morir, pues cuando vi la cara de mi Muerte, vi también el día en que ella llegará. Pero puedo caer y quedar inválido para el resto de mi vida.

—Paulo, Paulo... —él me miró y sonrió. Había cambiado por completo. En su voz había un poco del Amor que Devora, y sus ojos brillaban.

—¿Vas a decir que estoy rompiendo un juramento de obediencia que hice antes de comenzar el Camino?

—No estás rompiendo ese juramento. No tienes miedo, ni pereza. Tampoco debes haber pensado que te estoy dando una orden inútil. No quieres subir porque debes estar pensando en los Magos Negros.[12] Usar tu poder de decisión no significa romper un juramento. Este poder nunca se le niega al peregrino.

Miré la cascada y volví a mirar a Petrus. Yo evaluaba las posibilidades de subir y no encontraba ninguna.

—Presta atención —continuó él—. Voy a subir antes que tú, sin utilizar ningún Don. Y lo voy a lograr. Si lo logro, simplemente porque supe dónde poner los pies, tú tendrás que hacer lo mismo. De esa manera anulo tu poder de decisión. Si te rehúsas, después de verme subir, es porque estás rompiendo un juramento.

Petrus comenzó a quitarse los tenis. Él era por lo menos diez años mayor que yo y, si lograba subir, yo ya no tenía ningún otro argumento. Miré la cascada y sentí frío en el estómago.

---

[12] En la Tradición, nombre dado a los Maestros que perdieron el contacto mágico con el discípulo, conforme lo explicado anteriormente en este capítulo. La expresión se usa también para designar a los Maestros que detuvieron su proceso de conocimiento después de dominar sólo las fuerzas de la Tierra.

Pero él no se movió. A pesar de estar descalzo, siguió sentado en el mismo lugar. Comenzó a mirar el cielo y habló:

—A algunos kilómetros de aquí, hubo en 1502 una aparición de la Virgen a un pastor. Hoy es su fiesta, la fiesta de la Virgen del Camino, y le voy a ofrecer mi conquista a ella. Te aconsejo que hagas lo mismo. Ofrécele tu conquista. No le ofrezcas el dolor de tus pies ni las heridas en tus manos por las piedras. El mundo entero ofrece sólo el dolor de sus penitencias. No hay nada reprobable en eso, pero creo que ella se pondría feliz si, además de los dolores, los hombres le ofrecieran también sus alegrías.

Yo no tenía ninguna disposición de hablar. Seguía dudando de la capacidad de Petrus de subir la pared. Creí que todo aquello era una farsa y que en realidad me estaba envolviendo con su manera de hablar para obligarme después a hacer lo que yo no quería. Sin embargo, y por las dudas, cerré los ojos por un instante y le recé a la Virgen del Camino. Le prometí que, si Petrus y yo subíamos la pared, algún día yo volvería a ese lugar.

—Todo lo que has aprendido hasta ahora sólo tiene sentido si es aplicado a algo. Recuerda que te dije que el Camino de Santiago es el camino de las personas comunes. He dicho eso miles de veces. En el Camino de Santiago, y en la vida misma, la sabiduría sólo tiene valor si puede ayudar al hombre a vencer algún obstáculo.

"Un martillo no tendría sentido en el mundo si no existieran clavos para martillarlos. Y aun existiendo clavos, el martillo seguiría sin función alguna si se limitara a pensar: 'Puedo hundir esos clavos con dos golpes'. El martillo tiene que actuar. Entregarse a la mano del Dueño para ser utilizado en su función."

Recordé las palabras del Maestro en Itatiaia: quien posee una espada tiene que estarla poniendo a prueba constantemente, para que no se oxide en la vaina.

—La catarata es el sitio donde pondrás en práctica todo lo que aprendiste hasta ahora —dijo mi guía—. Tienes algo a tu favor: conoces la fecha de tu Muerte, y este miedo no te dejará paralizado cuando necesites decidir rápidamente dónde apoyarte. Pero recuerda que tendrás que trabajar con el agua y construir en ella todo lo que necesitas; que debes clavar la uña en el pulgar si te domina algún mal pensamiento.

"Y, sobre todo, que tienes que apoyarte, en todo momento durante el ascenso, en el Amor que Devora, porque él es quien guía y justifica todos tus pasos."

Petrus dejó de hablar. Se quitó la camisa, las bermudas y quedó completamente desnudo. Después entró en el agua fría de la pequeña laguna, se mojó todo y abrió los brazos al cielo. Vi que estaba contento, aprovechando la frescura del agua y los arcoíris que las gotas formaban a nuestro alrededor.

—Otra cosa —dijo, antes de entrar debajo del velo de la cascada—. Esta caída de agua te enseñará la manera de ser maestro. Yo voy a subir, pero existe un velo de agua entre tú y yo. Subiré sin que puedas ver bien dónde coloco mis pies y mis manos.

"De la misma forma, un discípulo nunca puede imitar los pasos de su guía. Porque cada quien tiene una manera de ver la vida, de convivir con las dificultades y con las conquistas. Enseñar es mostrar que es posible. Aprender es volverlo posible para sí mismo."

Y ya no dijo nada más. Entró por debajo del velo de la cascada y comenzó a subir. Yo sólo veía su bulto, como alguien mira a través de un vidrio tosco. Pero percibí que estaba subiendo. Lenta e inexorablemente, progresaba hacia lo alto. Cuando más se acercaba él al final, más miedo tenía yo, porque llegaría el momento de hacer lo mismo. Por fin, llegó el instante más terrible: emerger a través del agua que caía, sin saltar a la orilla. La fuerza del agua debería lanzarlo de regreso al suelo. Pero la cabeza de Petrus emergió allá arriba, y el agua que caía se convirtió en su manto plateado. La visión duró muy poco, porque en un movimiento rápido lanzó todo su cuerpo hacia arriba, agarrándose de cualquier manera a la meseta —pero todavía dentro del curso de agua. Lo perdí de vista por algunos instantes.

Finalmente, Petrus apareció en una de las orillas. Tenía el cuerpo mojado, lleno de la luz del sol, y sonreía.

—¡Vamos! —gritó, haciendo señas con las manos—. Te toca a ti.

Me tocaba a mí. O tendría que renunciar para siempre a mi espada.

Me quité toda la ropa y le recé nuevamente a la Virgen del Camino. Después, me sumergí de cabeza en el agua. Estaba helada y mi cuerpo se puso rígido por el impacto, pero luego fui invadido por una agradable sensación de estar vivo. Sin pensarlo mucho, caminé directo hacia la cascada.

El impacto del agua sobre mi cabeza me devolvió el absurdo "sentido de la realidad", que debilita al hombre a la hora en que más necesita su fuerza y su fe. Percibí que la cascada era más fuerte de lo que había pensado y que si cayera directo sobre mi pecho, era capaz de derribarme, incluso teniendo los dos pies apoyados en la seguridad del lago. Atravesé la cortina y quedé entre la piedra y el agua, en un pequeño espacio en el que cabía exclusivamente mi cuerpo, pegado a la roca. Y entonces vi que la tarea era más fácil de lo que pensaba.

El agua no pegaba en ese lugar, y lo que por fuera me parecía una pared lisa era en realidad una piedra llena de entradas y salientes. Me sentí tonto sólo de pensar que podría haber renunciado a mi espada por miedo a una piedra lisa cuando en realidad era un tipo de roca que yo ya escalara decenas de veces. Parecía escuchar la voz de Petrus diciéndome: "¿Lo ves? Después de ser resuelto, un problema se vuelve de una simplicidad aterradora."

Comencé a subir con el rostro pegado a la roca húmeda. En diez minutos había hecho casi todo el camino. Sólo faltaba una cosa: el final, el lugar por donde pasaba el agua antes de precipitarse allá abajo. La victoria conquistada en aquella subida no serviría de nada si no conseguía superar el pequeño trecho que me separaba del aire libre. Ahí estaba el peligro, y era un peligro que no había visto cómo Petrus lo había dominado. Le volví a rezar a la Virgen del Camino, una virgen sobre la cual nunca había oído hablar antes y que sin embargo, en aquel momento, representaba toda mi fe, toda mi esperanza en la victoria. Con sumo cuidado comencé a enfilar la cabeza hacia el torrente de agua que rugía por encima de mí.

El agua me envolvió por completo y enturbió mi visión. Sentí su impacto y me agarré firmemente a la roca, bajando la cabeza, de manera que pudiera formar una bolsa de aire donde respirar. Confiaba totalmente en mis manos y en mis pies. Las manos ya habían sujetado una vieja espada y los pies habían hecho el Extraño Camino de Santiago. Eran mis amigos y me estaban ayudando. Aun así, el estruendo del agua en mis oídos era ensordecedor, y comencé a tener dificultades para respirar. Decidí atravesar la corriente con la cabeza y por algunos segundos todo a mi alrededor se puso negro. Yo luchaba con todas mis fuerzas para mantener los pies y las manos agarrados a las salientes, pero el ruido del agua parecía llevarme a otro lugar, un lugar misterioso y distante, donde nada de aquello tenía la menor importancia y donde yo podría llegar si me rindiera a aquella fuerza. Ya no había necesidad del esfuerzo sobrehumano que mis pies y mis manos estaban haciendo para permanecer pegados a la roca: todo sería descanso y paz.

Sin embargo, pies y manos no obedecieron al impulso de entregarme. Habían resistido una tentación mortal. Y mi cabeza comenzó a emerger lentamente, de la misma forma en que había entrado. Me invadió un profundo amor por mi cuerpo, que estaba ahí ayudándome en una aventura tan loca como la de un hombre que cruza una cascada en busca de una espada.

Cuando la cabeza emergió por completo, vi el sol brillar encima de mí, e inspiré profundamente el aire a mi alrededor. Eso me dio un nuevo vigor. Miré en derredor y divisé, a algunos centímetros de mí, la meseta por donde habíamos caminado antes y que era el fin de la jornada. Sentí un impulso gigantesco de lanzarme y agarrarme de algún rincón, pero no podía ver ninguna entrada a causa del agua que caía. El impulso final era grande, pero no había llegado el momento de la conquista, tenía que controlarme. Me quedé en la posición más difícil de toda la escalada, con el agua golpeando mi pecho, la presión luchando por mandarme de vuelta a tierra, de donde me había atrevido a salir a causa de mis sueños.

No era el momento de pensar en Maestros, amigos, y no podía mirar a un lado para ver si Petrus estaba en condiciones de salvarme, en caso de que resbalara. "Él debe haber hecho esta escalada un millón de veces", pensé, "y sabe que aquí necesito ayuda desesperadamente." Pero él me abandonó. O tal vez no me había abandonado, estaba detrás de mí, pero yo no podía voltear la cabeza porque eso me desequilibraría. Tenía que hacer todo. Tenía que conseguir, solo, mi Conquista.

Mantuve los pies y una de las manos clavados en la roca, mientras la otra se soltaba y procuraba armonizarse con el agua. La mano no debía ofrecer la menor resistencia, porque ya estaba utilizando el máximo de mis fuerzas. Sabiendo eso, mi mano pasó a ser un pez que se entregaba, pero que sabía adónde quería llegar. Recordé las películas de mi infancia, en las cuales veía salmones saltando sobre caídas de agua, porque tenían una meta y, también ellos, necesitaban alcanzarla.

El brazo fue subiendo lentamente, aprovechando la propia fuerza del agua. Finalmente conseguí liberarlo y ahora le tocaba exclusivamente a él descubrir el apoyo y el destino del resto de mi cuerpo. Como un salmón de las películas de mi infancia, volvió a sumergirse en el agua sobre la meseta en busca de un lugar, de un punto cualquiera donde yo pudiera apoyarme para dar el salto final.

Sin embargo, la piedra había sido lavada y pulida por siglos de agua corriendo por ahí. Pero debía haber una entrada: si Petrus lo había logrado, yo también podía. Comencé a sentir mucho dolor, porque sabía que estaba a un paso del final, y éste era el momento en que las fuerzas flaquean y el hombre no tiene confianza en sí mismo. A veces, en mi vida, había perdido en el último momento, nadado un océano y me había ahogado en las olas del rompiente. Pero yo estaba haciendo el Camino de Santiago, y esta historia no podía repetirse siempre —yo necesitaba vencer ese día.

La mano libre se deslizaba por la roca lisa y la presión se hacía cada vez más fuerte. Sentía que los otros miembros no aguantaban más y que podía tener calambres en cualquier momento. El agua golpeaba también con fuerza mis órganos genitales y el dolor era intenso. De repente, sin embargo, la mano libre logró hallar un hueco en la piedra. No era grande y estaba fuera del camino de subida, pero serviría de apoyo para la otra mano, cuando llegara su turno. Marqué mentalmente el lugar y la mano libre salió nuevamente en busca de mi salvación. A pocos centímetros de la primera entrada, me esperaba otra base de apoyo.

Ahí estaba. Ahí estaba el lugar que, durante siglos, sirvió y apoyó a los peregrinos camino a Santiago. Percibí esto y me agarré con todas mis fuerzas. La otra mano se soltó, fue lanzada hacia atrás por la fuerza del río, pero describió un gran arco en el cielo y encontró el sitio que la esperaba. En un movimiento inmediato, todo mi cuerpo siguió el camino abierto por mis brazos y me lancé hacia arriba.

El gran y último paso fue dado. El cuerpo entero cruzó la cascada y, al momento siguiente, el salvajismo de la catarata era sólo un hilo de agua, casi sin corriente. Me arrastré a la orilla y me entregué al cansancio. El sol bañaba mi cuerpo, me calentaba y me recordaba de nuevo que había vencido y que seguía tan vivo como antes, cuando estaba en el lago allá abajo. A pesar del estruendo del agua, sentí los pasos de Petrus aproximándose.

Me quise levantar para expresar mi alegría, pero el cuerpo exhausto se negó a obedecer.

—Quédate tranquilo, descansa —dijo él—. Trata de respirar despacio.

Así lo hice y caí en un sueño profundo, sin sueños. Cuando desperté, el sol había cambiado de posición y Petrus, ya completamente vestido, me alargó mi ropa y dijo que teníamos que seguir.

—Estoy muy cansado —respondí.

—No te preocupes. Te voy a enseñar a extraer energía de todo lo que te rodea.

Y Petrus me enseñó EL SOPLO DE RAM.

Hice el ejercicio durante cinco minutos y me sentí mejor. Me levanté, me puse la ropa y tomé la mochila.

—Ven aquí —dijo Petrus. Y caminé hasta la orilla de la meseta. La cascada rugía bajo mis pies.

—Vista desde aquí, parece mucho más fácil que vista de abajo —dije.

—Exactamente. Y si te hubiera mostrado esto antes, habrías sido traicionado. Habrías evaluado mal tus posibilidades.

Yo continuaba débil y repetí el ejercicio. Poco a poco, todo el Universo a mi alrededor comenzó a armonizarse conmigo y a penetrar en mi corazón. Pregunté por qué no me había enseñado EL SOPLO DE RAM antes, ya que muchas veces había sentido pereza y cansancio en el Camino de Santiago.

—Porque nunca lo habías demostrado —dijo él, riendo y preguntándome si todavía tenía los deliciosos bizcochos de mantequilla que había comprado en Astorga.

El Soplo de RAM

Suelta todo el aire de los pulmones, vaciándolos lo más posible. Después, inhala lentamente a medida que levantas los brazos hasta arriba. Mientras inhalas, toma conciencia de que el amor, la paz y la armonía con el Universo están entrando en ti.

Aguanta la respiración y mantén los brazos levantados el máximo de tiempo posible, disfrutando la armonía interior y exterior. Cuando llegues al límite, suelta todo el aire en una rápida expiración, mientras pronuncias la palabra RAM.

Repite durante cinco minutos.

La locura

Llevábamos casi tres días en una especie de marchas forzadas. Petrus me despertaba antes del amanecer y sólo parábamos de andar a las nueve de la noche. Los únicos descansos concedidos eran para las comidas, ya que mi guía había abolido la siesta de comienzos de la tarde. Daba la impresión de que estaba siguiendo un programa misterioso, que no me estaba permitido conocer.

Además de eso, había cambiado por completo su comportamiento. Al principio pensé que sería a causa de mis dudas en el episodio de la catarata, pero me di cuenta que no. Se mostraba irritable con todos y miraba el reloj varias veces al día. Le recordé que me había dicho que nosotros mismos creábamos la noción del tiempo.

—Tú estás cada día más experto —respondió—. Vamos a ver si puedes poner en práctica toda esa experiencia cuando se necesite.

Una tarde estaba yo tan cansado con el ritmo de la caminata que simplemente no me podía levantar. Entonces Petrus me ordenó que me quitara la camisa y recargara la columna vertebral en un árbol que estaba ahí cerca. Permanecí así por algunos minutos y pronto me sentí bien dispuesto. Él comenzó a explicarme que los vegetales, principalmente los árboles maduros, son capaces de transmitir armonía cuando alguien recarga su centro nervioso en su tronco. Discurrió por horas sobre las propiedades físicas, energéticas y espirituales de las plantas.

Como yo ya había leído todo eso en alguna parte, no me preocupé por tomar notas. Pero el discurso de Petrus sirvió para deshacer la sensación de que estaba molesto conmigo. Encaré su silencio con más respeto y él, tal vez adivinando mis preocupaciones, procuraba ser simpático siempre que su mal humor habitual se lo permitía.

Una mañana llegamos a un inmenso puente, totalmente desproporcionado para el pequeño hilo de agua que corría debajo. Era domingo muy temprano, y las tabernas y los bares de la pequeña ciudad en las inmediaciones estaban cerrados. Nos sentamos ahí para tomar el desayuno.

—El hombre y la naturaleza tienen caprichos iguales —dije, intentando hacer conversación—. Construimos bellos puentes, y ella se encarga de desviar el curso de los ríos.

—Es la sequía —dijo él—. Acábate tu sándwich porque tenemos que continuar.

Decidí preguntarle por qué tanta prisa.

—Hace mucho tiempo que estoy en el Camino de Santiago, ya te dije. Dejé muchas cosas que hacer en Italia. Necesito regresar pronto.

La frase no me convenció. Podía ser verdad, pero ése no era el único motivo. Cuando iba a insistir en la respuesta, él cambió el tema.

—¿Qué sabes de este puente?

—Nada —respondí—. E incluso con la sequía, está demasiado desproporcionado. Creo que el curso del río fue desviado.

—En cuanto a eso, no tengo idea —dijo Petrus—. Pero es conocido en el Camino de Santiago como "El paso honroso". Estos campos a nuestro alrededor fueron escenario de sangrientas batallas entre suevos y visigodos, y más tarde, entre los soldados de Alfonso III y los moros. Tal vez sea así de grande para que toda esa sangre pudiera correr sin inundar la ciudad.

Era un intento de humor macabro. Yo no reí. Él quedó algo desconcertado, pero continuó:

—Sin embargo, no fueron las huestes de visigodos, ni los gritos triunfantes de Alfonso III los que dieron nombre a este puente, sino una historia de Amor y de Muerte.

"En las primeros siglos del Camino de Santiago, a medida que refluían de toda Europa peregrinos, sacerdotes, nobles y hasta reyes que querían rendir homenaje al Santo, también llegaron asaltantes y bandoleros. La historia registra innumerables casos de robos de caravanas enteras de peregrinos y de crímenes horribles cometidos contra los viajantes solitarios."

Todo se repite, pensé para mis adentros.

—Debido a eso, algunos nobles caballeros decidieron brindar protección a los peregrinos, y cada uno de ellos se encargó de guardar una parte del Camino. Pero así como los ríos cambian de curso, también el ideal de los hombres está sujeto a cambios. Además de espantar a los malhechores, los caballeros andantes comenzaron a disputar entre sí quién era más fuerte o más valeroso del Camino de Santiago. No tardaron mucho en comenzar a luchar unos con otros, y los bandidos volvieron a actuar impunemente en las carreteras.

"Eso sucedió durante mucho tiempo hasta que, en 1434, un noble de la ciudad de León se enamoró de una mujer. Se llamaba

Don Suero de Quiñones, era rico y fuerte, e intentó de todas las formas posibles recibir la mano de su dama en matrimonio. Pero esta señora, cuyo nombre la historia olvidó guardar, no quiso siquiera tomar conocimiento de aquella inmensa pasión, y rechazó la petición."

Yo estaba loco de curiosidad por saber qué relación había entre un amor rechazado y la pelea de los caballeros andantes. Petrus notó mi interés y dijo que sólo contaría el resto de la historia si yo terminaba de comer el sándwich y comenzábamos de inmediato a caminar.

—Te pareces a mi madre cuando era niño —respondí. Pero engullí el pedazo de pan que faltaba, tomé la mochila y comenzamos a cruzar la población adormecida.

—Herido en su amor propio —continuó Petrus—, nuestro caballero resolvió hacer exactamente lo que todos los hombres hacen cuando se sienten rechazados: comenzar una guerra particular. Se prometió a sí mismo que realizaría una hazaña tan importante que la doncella jamás olvidaría su nombre. Durante muchos meses buscó un ideal noble al cual consagrar aquel amor rechazado. Hasta que, cierta noche, oyendo hablar de los crímenes y las luchas en el Camino de Santiago, tuvo una idea.

"Reunió a diez amigos, se instaló en este poblado por donde estamos pasando y mandó esparcir, entre los peregrinos que iban y volvían por el Camino de Santiago, el rumor de que estaba dispuesto a permanecer ahí treinta días y quebrar trescientas lanzas para probar que él era el más fuerte y el más osado de todos los caballeros del Camino. Acamparon con sus banderas, estandartes, pajes y criados, y esperaron a los retadores."

Imaginé qué fiesta debe haber sido aquella. Jabalíes asados, vino a voluntad, música, historias y luchas. Un cuadro apareció vivo en mi mente, mientras Petrus seguía contando el resto de la historia.

—Las luchas comenzaron el día 10 de julio, con la llegada de los primeros caballeros. Quiñones y sus amigos combatían durante el día y preparaban grandes fiestas por la noche. Las luchas eran siempre en el puente, para que nadie pudiera huir. En cierta época llegaron tantos retadores que se encendían hogueras en toda la extensión del puente para que los combates pudieran continuar en la madrugada. Todos los caballeros vencidos eran obligados a jurar que nunca más lucharían contra los otros, y de ahí en adelante su única misión sería proteger a los peregrinos hasta Compostela.

"La fama de Quiñones recorrió toda Europa en pocas semanas. Además de los caballeros del Camino, comenzaron a llegar también generales, soldados y bandidos para desafiarlo. Todos sabían que quien lograra vencer al valiente caballero de León sería famoso de la noche a la mañana, con su nombre coronado de gloria. Pero mientras los otros sólo buscaban fama, Quiñones tenía un propósito mucho más noble: el amor de una mujer. Y este ideal hizo que venciera en todos los combates.

"Las luchas terminaron el 9 de agosto y Don Suero de Quiñones fue reconocido como el más bravo y más valiente de todos los caballeros del Camino de Santiago. A partir de esa fecha, nadie se atrevió a bravuconear sobre el coraje, y los nobles volvieron a combatir al único enemigo común: los bandoleros que asaltaban a los peregrinos. Más tarde, esta epopeya daría inicio a la Orden Militar de Santiago de la Espada."

Habíamos acabado de cruzar la pequeña ciudad. Sentí ganas de regresar y mirar nuevamente "El paso honroso", el puente donde sucediera toda aquella historia. Pero Petrus me pidió que siguiéramos adelante.

—¿Y qué ocurrió con Don Quiñones? —pregunté.

—Fue a Santiago de Compostela y depositó en su relicario una gargantilla de oro, que hasta hoy adorna el busto de Santiago el Menor.

—Estoy preguntando si terminó casándose con la doncella.

—Ah, eso no lo sé —respondió Petrus—. En esa época la Historia era escrita sólo por hombres. Y, ante tanta escena de lucha, ¿quién se interesaría por el final de una historia de amor?

Después de contarme la historia de Don Suero Quiñones, mi guía volvió a su mutismo habitual; caminamos dos días más en silencio y casi sin parar para descansar. Sin embargo, al tercer día, Petrus comenzó a andar más despacio de lo normal. Dijo que estaba un poco cansado de todo el esfuerzo realizado aquella semana, y que ya no tenía ni la edad ni la disposición para seguir ese ritmo. Una vez más tuve la seguridad de que no estaba diciendo la verdad: su rostro, en vez de cansancio, demostraba una preocupación intensa, como si algo muy importante estuviera por suceder.

Esa tarde llegamos a Foncebadón, un poblado inmenso, pero completamente en ruinas. Las casas, construidas con piedras, tenían sus tejados de pizarra destruidos por el tiempo y por la pudrición de las vigas. Uno de los lados del pueblo daba a un precipicio y, frente a nosotros, detrás de un monte, estaba uno de los más importantes hitos del Camino de Santiago: la Cruz de Hierro. Esa vez era yo quien estaba impaciente y queriendo llegar rápidamente a aquel extraño monumento, compuesto de un inmenso tronco de casi diez metros de altura, rematado por una Cruz de Hierro. La cruz había sido dejada ahí desde la época de la invasión de César, en homenaje a Mercurio. Siguiendo la tradición pagana, los peregrinos de la Ruta Jacobea acostumbraban depositar a sus pies una piedra traída de lejos. Aproveché la abundancia de rocas de la ciudad abandonada y tomé del suelo un pedazo de pizarra.

Sólo cuando decidí apresurar el paso percibí que Petrus estaba caminando muy despacio. Examinaba las casas en ruinas, movía los troncos caídos y los restos de libros, hasta que decidió sentarse en el centro de la plaza del lugar, donde había una cruz de madera.

—Vamos a descansar un poco —dijo.

Era el atardecer, y aunque nos quedáramos ahí una hora, todavía daba tiempo de llegar a la Cruz de Hierro antes de que cayera la noche.

Sentado a su lado observé el paisaje vacío. Así como los ríos cambiaban de lugar, también cambiaban de lugar los hombres. Las casas eran sólidas y debían haber tardado mucho tiempo en derruirse. Era un lugar bonito, con montañas atrás y un valle al frente; me pregunté a mí mismo qué habría hecho que tanta gente abandonara un sitio como éste.

—¿Crees que Don Suero de Quiñones era un loco? —preguntó Petrus.

Yo ya no me acordaba quién era Don Suero, y él tuvo que recordarme el "Paso honroso".

—Creo que no estaba loco —respondí. Pero me quedé en duda sobre mi respuesta.

—Pues sí lo era, de la misma forma que Alfonso, el monje que conociste, también lo es. Como yo lo soy, y la manera de manifestar esa locura está en los diseños que hago. O tú, que buscas tu espada. Todos tenemos ardiendo dentro de nosotros la llama santa de la locura, que es alimentada por Ágape.

"Para eso no necesitas querer conquistar América, o platicar con los pájaros, como San Francisco de Asís. El verdulero de la esquina puede manifestar esa llama santa de locura si le gusta lo que hace. Ágape existe más allá de los conceptos humanos, y es contagioso, porque todo el mundo tiene sed de él."

Petrus me dijo que yo sabía despertar a Ágape a través del Globo Azul. Pero para que Ágape pudiera florecer, yo no podía tener miedo de cambiar mi vida. Si me gustaba lo que hacía, muy bien. Pero si no me gustaba, siempre había tiempo de cambiar. Al permitir que el cambio sucediera, yo me estaba transformando en un terreno fértil y dejando que la Imaginación Creadora lanzara sus semillas en mí.

—Todo lo que te enseñé, incluyendo a Ágape, sólo tiene sentido si estás satisfecho contigo mismo. Si eso no estuviera pasando, los ejercicios que aprendiste te llevarán inevitablemente al deseo de cambio. Y, para que todos los ejercicios que fueron aprendidos no se volteen en tu contra, es necesario permitir que ocurra un cambio.

"Este es el momento más difícil en la vida de un hombre. Cuando ve el Buen Combate y se siente incapaz de cambiar de vida y partir a la lucha. Si eso sucede, el conocimiento se volteará contra quien lo posee."

Miré la ciudad de Foncebadón. Tal vez todas aquellas personas, colectivamente, hayan sentido esa necesidad de cambiar. Pregunté si Petrus había escogido a propósito ese escenario para decirme eso.

—No sé lo que pasó aquí —respondió—. Muchas veces las personas se ven obligadas a aceptar un cambio provocado por el destino, y no estoy hablando de esto. Estoy hablando de un acto de voluntad, de un deseo concreto de luchar contra todo aquello que no te satisface en tu día a día.

"En el camino de la existencia, siempre encontramos problemas difíciles de resolver. Como por ejemplo, entrar en el agua de una cascada sin que te derribe. Entonces tienes que dejar que actúe la Imaginación Creadora. En tu caso, existía ahí un desafío de vida y muerte, y no había tiempo para mucha elección: Ágape te indicó el único camino.

"Pero existen problemas en esta vida en que tenemos que elegir entre un camino y otro. Problemas cotidianos, como una decisión empresarial, un rompimiento afectivo, un encuentro social. Cada una de esas pequeñas decisiones que tomamos a cada minuto de nuestra existencia puede significar elegir entre la vida y la muerte. Cuando sales de casa por la mañana para ir al trabajo, puedes elegir entre un transporte que te deje sano y salvo en la puerta de tu empleo u otro que chocará y matará a sus ocupantes. Éste es un ejemplo radical de cómo una simple decisión puede afectar a una persona para el resto de su vida."

Comencé a pensar en mí mientras Petrus hablaba. Había elegido hacer el Camino de Santiago en busca de mi espada. Era ella lo que más me importaba ahora, y tenía que encontrarla de cualquier forma. Tenía que tomar la decisión correcta.

—La única manera de tomar la decisión correcta es sabiendo cuál es la decisión equivocada —dijo él, después de que le hablé de mi preocupación—. Y examinar el otro camino, sin miedo y sin flaqueza, y después de eso, decidir.

Entonces Petrus me enseñó EL EJERCICIO DE LAS SOMBRAS.

EL EJERCICIO
DE LAS SOMBRAS

Relájate.

Durante cinco minutos, observa todas las sombras de objetos o personas a tu alrededor. Procura saber exactamente qué parte del objeto o de la persona está siendo reflejada.

Sigue haciéndolo en los cinco minutos siguientes, pero al mismo tiempo, localiza el problema que deseas resolver y busca todas las posibles soluciones equivocadas para él.

Finalmente, permanece cinco minutos más mirando las sombras y pensando cuáles son las soluciones correctas que sobraron. Elimínalas una por una, hasta que sólo quede la solución exacta para el problema.

—Tu problema es tu espada —dijo, después que concluyó la explicación del ejercicio.

Yo estuve de acuerdo.

—Entonces haz este ejercicio ahora. Yo voy a salir a dar una vuelta. Cuando regrese, sé que tendrás la solución correcta.

Recordé la prisa de Petrus todos aquellos días y de la conversación en la ciudad abandonada. Parecía que él estaba procurando ganar tiempo para decidir algo también. Me animé y comencé a hacer el ejercicio.

Hice un poco del Soplo de RAM para armonizarme con el ambiente. Después marqué quince minutos en el reloj y comencé a mirar las sombras al derredor. Sombras de casas en ruinas, de la piedra, de la madera, de la vieja cruz atrás de mí. Observando las sombras, percibí qué difícil era saber la parte exacta que estaba siendo reflejada. Nunca había pensado en eso. Algunas vigas rectas se transformaban en objetos angulares, y una piedra irregular tenía una forma redonda cuando era reflejada. Hice eso durante los primeros diez minutos. No fue difícil concentrarme, porque el ejercicio era fascinante. Comencé entonces a pensar en las soluciones equivocadas para encontrar mi espada. Un sinnúmero de ideas me pasó por la cabeza, desde tomar un ómnibus para Santiago hasta llamar por teléfono a mi mujer y, a través del chantaje emocional, lograr saber dónde la había escondido.

Cuando Petrus volvió, yo estaba sonriendo.

—¿Y entonces? —preguntó él.

—Descubrí cómo escribe Agatha Christie sus novelas policiacas —bromeé—. Transforma la hipótesis más errada en la hipótesis correcta. Ella debe haber conocido el ejercicio de las sombras.

Petrus preguntó dónde estaba mi espada.

—Primero te voy a describir la hipótesis más errada que conseguí formular mirando las sombras: la espada está fuera del Camino de Santiago.

—Eres un genio. Descubriste que hemos andado hace tanto tiempo en busca de tu espada. Pensé que te habían dicho eso cuando todavía estabas en Brasil.

—Y guardada en un lugar seguro —continué—, al que mi mujer no tendría acceso. Deduje que está en un lugar absolutamente abierto, pero que se incorporó de tal forma al paisaje que no se ve.

Esta vez Petrus no rio. Yo continué:

—Y como lo más absurdo sería que estuviera en un lugar lleno de gente, está en un sitio casi desierto. Además, para que las pocas personas que la vean no perciban la diferencia entre una espada como la mía y una espada típica española, debe estar en un lugar donde nadie sepa distinguir estilos.

—¿Crees que está aquí? —preguntó él.

—No, no está aquí. Lo más equivocado sería hacer este ejercicio en el sitio donde está la espada. Descarté rápidamente esa hipótesis. Pero debe estar en una ciudad parecida a esta, pero que no esté abandonada, porque una espada en una ciudad abandonada llamaría mucho la atención de los peregrinos y los transeúntes. En poco tiempo estaría decorando las paredes de un bar.

—Muy bien —dijo él, y noté que estaba orgulloso de mí o del ejercicio que me había enseñado.

—Tengo una cosa más —dije.

—¿Qué?

—El sitio más equivocado para la espada de un Mago sería un lugar profano. Debe estar en un lugar sagrado. Como una iglesia, por ejemplo, donde nadie se atreverá a robarla. Resumiendo: en una iglesia de un pequeño pueblo cerca de Santiago, a la vista de todos, pero armonizando con el ambiente, está mi espada. A partir de ahora, voy a visitar todas las iglesias del Camino.

—No es necesario —dijo él—. Cuando llegue el momento, reconocerás el lugar.

Lo había logrado.

—Escucha, Petrus, ¿por qué anduvimos tan rápido y ahora hemos estado tanto tiempo en una ciudad abandonada?

—¿Cuál sería la decisión más errada?

Eché un vistazo a las sombras. Él tenía razón. Estábamos ahí por algún motivo.

El sol se ocultó tras la montaña, pero todavía faltaba mucha luz para terminar el día. Yo pensaba que en ese momento el sol debía estar bañando la Cruz de Hierro, la cruz que yo quería ver y que estaba a sólo algunos centenares de metros de mí. Quería saber el porqué de aquella espera. Habíamos caminado muy rápido toda la semana, y el único motivo me parecía ser que teníamos que llegar ahí aquel día y en aquella hora.

Intenté sacar conversación para ayudar a que pasara el tiempo, pero percibí que Petrus estaba tenso y concentrado. Yo ya lo había visto muchas veces de mal humor, pero no recordaba haberlo visto tenso. De repente recordé que ya lo había visto así una vez. Fue en un desayuno en un pueblito cuyo nombre no recordaba, poco antes de encontrar...

Miré a un lado. Ahí estaba. El Perro.

El violento perro que me tiró al suelo una vez, el perro cobarde que salió corriendo la siguiente vez. Petrus había prometido ayudarme en nuestro próximo encuentro, y me volví hacia él. Pero a mi lado no había nadie.

Mantuve los ojos pegados a los ojos del animal, mientras mi mente buscaba rápidamente una forma de enfrentar la situación. Ninguno de los dos hizo movimiento alguno, y recordé por un segundo los duelos de las películas del oeste en pueblos abandonados. Nadie jamás soñaría en poner a un hombre batiéndose a duelo con un perro, demasiado inverosímil. Y sin embargo ahí estaba yo, viviendo en la realidad lo que en la ficción sería inverosímil.

Ahí estaba Legión, porque eran muchos. A mi lado había una casa abandonada. Si yo corriera de repente, podría subirme al techo, y Legión no me seguiría. Estaba preso dentro del cuerpo y las posibilidades de un perro.

Pronto abandoné la idea, mientras mantenía los ojos fijos en los de él. Muchas veces en el Camino había tenido miedo de este momento, y ahora este momento había llegado. Antes de encontrar mi espada, tenía que encontrarme con el Enemigo, y derrotarlo o ser derrotado por él. Sólo me restaba enfrentarlo. Si huía, caería en una trampa. Podía ser que el perro ya no regresara, pero yo caminaría con miedo hasta Santiago de Compostela. Incluso después soñaría noches enteras con el perro, pensando que aparecería al minuto siguiente y viviendo aterrado el resto de mis días.

Mientras reflexionaba sobre eso, el can se movió en mi dirección. Dejé de pensar y me concentré exclusivamente en la lucha que estaba por comenzar. Petrus había huido y ahora yo estaba solo. Tuve miedo. Y cuando tuve miedo el perro comenzó a caminar lentamente hacia mí, al tiempo que gruñía bajito. El gruñido contenido era mucho más amenazador que un ladrido fuerte, y mi miedo aumentó. Percibiendo la debilidad en mis ojos, el perro se lanzó sobre mí.

Fue como si una piedra me hubiera golpeado el pecho. Caí al suelo y él comenzó a atacarme. Tuve un vago recuerdo de que conocía mi Muerte, que no sería de esta manera, pero el miedo crecía dentro de mí y no podía controlarlo. Comencé a luchar sólo para defender mi cara y mi garganta. Un fuerte dolor en la pierna hizo que me encogiera, y percibí que algo de carne había sido rasgado. Retiré las manos del cuello y la cabeza y las llevé a la herida. El perro aprovechó y se preparó para atacar mi rostro. En ese momento, una de mis manos tocó una piedra a mi lado. Agarré inmediatamente la piedra y comencé a golpear al perro con toda mi desesperación.

Él se apartó un poco, más sorprendido que lastimado, y yo pude levantarme. El can siguió retrocediendo, pero la piedra manchada de sangre me dio ánimos. Respetaba demasiado la fuerza de mi enemigo, y eso era una trampa. Él no podía tener más fuerza que yo. Podía ser más ágil, pero no más fuerte, porque yo era más pesado y más alto que él. El miedo ya no era tan grande, pero yo estaba descontrolado y comencé a gritar con la piedra en la mano. El animal retrocedió un poco más y de pronto se detuvo.

Parecía leer mis pensamientos. En mi desesperación, yo me sentía fuerte pero ridículo por estar luchando con un perro. Una sensación de Poder me invadió de repente y un viento caliente comenzó a soplar en aquella ciudad desierta. Comencé a sentir un tedio enorme de continuar aquella lucha; a final de cuentas, bastaba acertar con una piedra en medio de su cabeza y yo había vencido. Quise parar de inmediato con aquella historia, ver la herida en mi pierna y acabar de una vez con aquella absurda experiencia de espadas y extraños caminos de Santiago.

Era otra trampa. El can dio un salto y me derribó de nuevo en el suelo. Esta vez consiguió evitar la piedra con habilidad, mordiendo mi mano y haciendo que la soltara. Comencé a golpearlo con las manos desnudas, pero no le estaba causando ningún daño serio. Todo lo que lograba evitar era que mordiera todavía más. Las uñas afiladas comenzaron a rasgar mi ropa y mis brazos, y vi que era sólo cuestión de tiempo para que me dominara por completo.

De pronto escuché una voz dentro de mí. Una voz diciendo que si él me dominaba la lucha terminaría y yo estaría a salvo. Derrotado pero vivo. Mi pierna me dolía y todo mi cuerpo ardía a causa de los arañazos. La voz insistía en que abandonara la lucha, y yo la reconocí: era la voz de Astrain, mi Mensajero, hablando conmigo. El perro se detuvo por un momento, como si también escuchara la misma voz, y de nuevo tuve ganas de abandonar todo aquello. Astrain me decía que mucha gente en esta vida no halló su espada, ¿y qué diferencia podía hacer eso? Yo quería volver a casa, estar con mi mujer, tener mis hijos y trabajar en lo que me gusta. Basta de tantos absurdos, de enfrentar perros y subir por cataratas. Era la segunda vez que pensaba en eso, pero ahora las ganas eran más fuertes, y tuve la certeza de que me rendiría en el próximo segundo.

Un ruido en la calle de la ciudad abandonada llamó la atención del animal. Miré hacia un lado y vi a un pastor que traía a sus ovejas de regreso del campo. Recordé que ya había presenciado aquella escena antes, en las ruinas de un viejo castillo. Cuando el perro vio las ovejas, saltó por encima de mí y se preparó para atacarlas. Era mi salvación.

El pastor comenzó a gritar y las ovejas corrieron para todos lados. Antes de que el perro se alejara por completo decidí resistir un segundo más, sólo para dar tiempo a que los animales huyeran, y sujeté al perro por una de sus patas. Surgió la absurda esperanza de que el pastor quizás viniera en mi auxilio, y por un momento regresó la esperanza de la espada y del Poder de RAM.

El can intentaba zafarse de mí. Yo ya no era el enemigo, era un inoportuno. Lo que él quería estaba ahí frente a él, las ovejas. Pero seguí agarrado de la pata del animal, esperando a un pastor que no venía, esperando a las ovejas que no huían.

Ese segundo salvó mi alma. Una fuerza inmensa comenzó a surgir dentro de mí, y no era ya la ilusión del Poder, que provoca aburrimiento y ganas de desistir. Astrain susurró de nuevo, pero algo diferente. Decía que yo debía enfrentar siempre al mundo con las mismas armas con las que era desafiado. Y que sólo podía enfrentar a un perro transformándome en uno.

Ésta era la locura de la que Petrus me había hablado aquel día. Y comencé a sentirme perro. Enseñé los dientes y gruñí por lo bajo, destilando odio en los ruidos que hacía. Vi de reojo el rostro asustado del pastor y a las ovejas que tenían tanto miedo de mí como del perro.

Legión lo percibió y comenzó a asustarse. Entonces me abalancé sobre él. Era la primera vez que lo hacía en todo el combate. Ataqué con los dientes y las uñas, intentando morder al animal en el cuello, exactamente en la forma que temía que hiciera conmigo. Dentro de mí existía sólo un inmenso deseo de victoria. Nada más tenía importancia. Me tiré sobre el animal y lo derribé en el suelo. Él luchaba por salir de abajo del peso de mi cuerpo y clavaba las uñas en mi piel, pero yo también mordía y rasguñaba. Vi que si se salía de debajo de mí huiría otra vez, y yo quería que eso nunca volviera a ocurrir. Hoy lo vencería y lo derrotaría.

El animal comenzó a mirarme con pavor. Ahora yo era un perro y él parecía haberse transformado en hombre. Mi antiguo miedo estaba actuando en él, y con tanta fuerza que logró salir, pero yo lo acorralé de nuevo en el fondo de una de las casas abandonadas. Atrás de un pequeño muro de piedra estaba el precipicio, y él ya no tenía cómo escapar. Era un hombre que vería, ahí, el rostro de su Muerte.

De repente comencé a percibir que algo estaba mal. Estaba demasiado fuerte. Mi pensamiento se estaba nublando; comencé a ver un rostro gitano e imágenes difusas en torno a ese rostro. Yo me había transformado en Legión. Este era mi poder. Ellos abandonaron aquel pobre perro asustado que en un momento caería en el abismo. Y ahora estaban dentro de mí. Sentí un deseo terrible de despedazar al animal indefenso. "Tú eres el Príncipe y ellos son Legión", susurró Astrain. Pero yo no quería ser un Príncipe, y escuché también de lejos la voz de mi Maestro diciéndome insistentemente que había una espada a ser conseguida. Necesitaba resistir un minuto más. No debía matar a aquel perro.

Miré de reojo al pastor. Su mirada me confirmó lo que estaba pensando. Ahora él estaba más asustado de mí que del perro.

Comencé a sentir un aturdimiento y el paisaje dio vueltas. No me podía desmayar. Si me desmayaba ahora, Legión habría vencido en mí. Tenía que hallar una solución. No sólo estaba luchando contra un animal, sino contra una fuerza que me había poseído. Sentí que mis piernas flaqueaban y me apoyé en una pared, pero ésta cedió bajo mi peso. Entre piedras y pedazos de madera, caí con el rostro en la tierra.

La tierra. Legión era la tierra, los frutos de la tierra. Los frutos buenos y malos de la tierra, pero la tierra. Esa era su casa, y desde ahí gobernaba o era gobernada por el mundo. Ágape explotó dentro de mí y clavé con fuerza las uñas en la tierra. Di un alarido, un grito semejante al que escuché la primera vez que el perro y yo nos encontramos. Sentí que Legión pasaba por mi cuerpo y descendía a la tierra, porque dentro de mí estaba Ágape, y Legión no quería ser consumida por el Amor que Devora. Ésta era mi voluntad, la voluntad que me hacía luchar con el resto de mis fuerzas contra el desmayo, la voluntad de Ágape fija en mi alma, resistiendo. Todo mi cuerpo tembló.

Legión descendía con fuerza en la tierra. Comencé a vomitar, pero sentía que era Ágape creciendo y saliendo por todos mis poros. El cuerpo siguió temblando hasta que, después de mucho tiempo, sentí que Legión había regresado a su reino.

Noté cuando su último vestigio pasó por mis dedos. Me senté en el suelo, herido y lastimado, y vi una escena absurda ante mis ojos. Un perro, sangrando y moviendo el rabo, y un pastor mi-rándome asustado.

—Debe haber sido algo que comió —dijo el pastor, que no quería creer en todo lo que había visto—. Pero ahora que vomitó va a pasar.

Asentí con la cabeza. Él me agradeció por haber contenido a "mi" perro y siguió camino con sus ovejas.

Petrus apareció y no dijo nada. Cortó un pedazo de su cami-sa e hizo un torniquete en mi pierna, por donde sangraba mucho. Me pidió que moviera el cuerpo, y dijo que nada más grave había sucedido.

—Te ves deplorable —dijo, sonriendo; su raro buen humor había regresado—. Así no vamos a visitar hoy la Cruz de Hierro. Debe haber turistas ahí y se van a asustar.

Yo no le di importancia. Me levanté, me sacudí el polvo y vi que podía caminar. Petrus sugirió que hiciera un poco del Soplo de RAM y cargó con mi mochila. Hice el Soplo de RAM y nue-vamente entré en armonía con el mundo. Dentro de media hora estaría llegando a la Cruz de Hierro.

Y algún día Foncebadón renacerá de sus ruinas. Legión dejó ahí mucho Poder.

EL MANDAR Y EL SERVIR

Llegué a la Cruz de Hierro cargado por Petrus, ya que la herida en la pierna no me dejaba caminar bien. Cuando reparó en la extensión de los daños causados por el perro, decidió que yo debía estar en reposo hasta que me recuperara lo suficiente para continuar el Extraño Camino de Santiago. Ahí cerca había una aldea que servía de abrigo a los peregrinos sorprendidos por la noche antes de cruzar las montañas. Petrus consiguió dos cuartos en casa de un herrero, y nos instalamos.

Mi aposento tenía un pequeño balcón, revolución arquitectónica que, partiendo de esa aldea, se esparciría por toda la España del siglo VIII. Yo podía ver una serie de montes que tarde o temprano tendría que cruzar antes de llegar a Santiago. Caí en la cama y sólo desperté al día siguiente, con un poco de fiebre, pero sintiéndome bien.

Petrus trajo agua de una fuente que los habitantes de la aldea llamaban "pozo sin fondo", y lavó mis heridas. En la tarde, apareció con una vieja que vivía en los alrededores. Ambos colocaron varios tipos de hierbas en las heridas y los arañazos, y la vieja me obligó a tomar un té amargo. Recuerdo que todos los días Petrus me obligaba a lamer las heridas, hasta que cerraran por completo. Yo sentía siempre el sabor metálico y dulce de la sangre, y eso me daba náuseas, pero mi guía afirmaba que la saliva era un poderoso desinfectante y que me ayudaría en la lucha contra una posible infección.

La fiebre volvió al segundo día. Petrus y la vieja me dieron nuevamente el té, volvieron a untar las heridas con hierbas, pero la fiebre no cedía, a pesar de no ser muy alta. Entonces mi guía se dirigió a una base militar en los alrededores en busca de vendas, ya que en todo el pueblo no había gasas ni esparadrapo para cubrir las heridas.

Pocas horas después, Petrus volvió con las vendas. Con él vino también un joven oficial médico, que a fuerzas quería saber dónde estaba el animal que me mordió.

—Por el tipo de herida, el animal está rabioso —sentenció el oficial médico, con aire grave.

—Nada de eso —respondí—. Fue un juego que se pasó de los límites. Conozco al animal hace mucho tiempo.

El oficial no se convenció. Quería a la fuerza que yo tomara una vacuna antirrábica, y fui obligado a dejar que me inyectaran por lo menos una dosis, bajo amenaza de ser transferido al hospital de la Base. Después preguntó dónde estaba el animal que me había mordido.

—En Foncebadón —respondí.

—Foncebadón es una ciudad en ruinas. No hay perros ahí —respondió, con el aire sabio de quien descubre una mentira *in fraganti*.

Comencé a dar algunos falsos gemidos de dolor, y el oficial médico fue conducido por Petrus fuera del cuarto. Pero dejó todo lo que necesitábamos: vendas limpias, esparadrapo y una pomada cicatrizante.

Petrus y la vieja no utilizaron la pomada. Envolvieron las heridas con gasas llenas de hierbas. Aquello me alegró mucho, ya que no necesitaba seguir lamiendo los sitios donde el perro me había mordido. Durante la noche, se arrodillaban a un lado de mi cama y, con las manos extendidas sobre mi cuerpo, rezaban en voz alta. Le pregunté a Petrus qué era aquello y él hizo una vaga referencia a los Carismas y al Camino de Roma. Yo insistí, pero él ya no dijo más nada.

Dos días después estaba completamente recuperado. Fui a la ventana y vi algunos soldados buscando en las casas del pueblo y en los montes de las inmediaciones. Le pregunté a uno de ellos qué era aquello.

—Hay un perro rabioso en los alrededores —respondió.

Aquella misma tarde el herrero, dueño de los cuartos, vino a pedirme que dejara la aldea en cuanto estuviera listo para caminar. La historia se había esparcido por los habitantes del pueblo, y tenían miedo de que yo me volviera rabioso y pudiera transmitir la enfermedad. Petrus y la vieja comenzaron a discutir con el herrero, pero él se mostró inflexible. A determinada altura, llegó a afirmar que había visto un hilo de espuma salir por la comisura de mi boca mientras dormía.

No hubo argumento capaz de convencerlo de que todos, mientras dormimos, podemos presentar ese fenómeno. Por la noche, la vieja y mi guía estuvieron rezando por largo tiempo, con las manos extendidas sobre mi cuerpo. Y al día siguiente, cojeando un poco, yo estaba de nuevo en el Extraño Camino de Santiago.

Le pregunté a Petrus si había llegado a preocuparse por mi recuperación.

—Existe una regla en el Camino de Santiago que no te mencioné antes —respondió—, pero es la siguiente: una vez iniciado, la única disculpa para interrumpirlo es a causa de una enfermedad. Si no eras capaz de resistir las heridas y seguías con fiebre, esto sería un presagio de que nuestro viaje debía detenerse ahí.

Pero, dijo con cierto orgullo, sus oraciones habían sido escuchadas. Y yo tuve la certeza de que ese coraje era tan importante para él como para mí.

Ahora el camino era todo en declive, y Petrus me avisó que seguiría así por dos días más. Habíamos vuelto a caminar a nuestro ritmo habitual, con siesta toda la tarde, a la hora en que el sol estaba más fuerte. Debido a mis vendas, él cargaba mi mochila. Ya no había tanta prisa: el encuentro marcado se había cumplido.

Mi estado de ánimo mejoraba a cada hora, y estaba bastante orgulloso de mí mismo: había escalado una cascada y derrotado al demonio del Camino. Ahora sólo faltaba la tarea más importante: encontrar mi espada. Lo comenté con Petrus.

—La victoria fue bonita, pero fallaste en lo más importante —dijo, lanzándome un auténtico balde de agua fría.

—¿Y qué fue eso?

—Saber el momento exacto del combate. Tuve que andar más rápido, hacer una marcha forzada, y todo en lo que podías pensar era que estábamos en busca de tu espada. ¿De qué sirve una espada si el hombre no sabe dónde va a encontrar a su enemigo?

—La espada es mi instrumento de Poder —respondí.

—Estás demasiado convencido de tu Poder —dijo él—. La catarata, las Prácticas de RAM, las conversaciones con tu Mensajero, te hicieron olvidar que faltaba un enemigo para vencer. Y que tendrías un encuentro marcado con él. Antes de que la mano maneje la espada, debe localizar al enemigo y saber cómo enfrentarlo. La espada sólo da el golpe. Pero la mano ya es victoriosa o perdedora antes de ese golpe.

"Lograste vencer a Legión sin tu espada. Existe un secreto en esa búsqueda, un secreto que todavía no descubres, pero que, sin él, jamás podrás encontrar lo que buscas."

Permanecí en silencio. Cada vez que comenzaba a tener la certeza de que estaba llegando cerca de mi objetivo, Petrus insistía en decir que yo era un simple peregrino, y que siempre faltaba algo para encontrar lo que estaba buscando. La sensación de alegría que sentía minutos antes de iniciar aquella conversación desapareció por completo.

Otra vez estaba yo comenzando el Extraño Camino de Santiago, y eso me llenó de desaliento. Por aquella carretera que pisaban mis pies, millones de personas habían pasado durante doce siglos, yendo y viniendo de Santiago de Compostela. En el caso de ellas, llegar adonde querían era sólo cuestión de tiempo. En mi caso, las trampas de la Tradición colocaban siempre otro obstáculo a vencer, otra prueba a superar.

Le dije a Petrus que me estaba sintiendo cansado y nos sentamos a la sombra en el declive. Había grandes cruces de madera a los lados del camino. Petrus puso ambas mochilas en el suelo y siguió hablando:

—Un enemigo siempre representa nuestro lado flaco. Que puede ser miedo al dolor físico, pero también la sensación prematura de la victoria o el deseo de abandonar el combate por pensar que no vale la pena.

"Nuestro enemigo sólo entra en la lucha porque sabe que puede vencernos. Exactamente en ese punto donde nuestro orgullo nos hace creer que éramos invencibles. Durante la lucha siempre estamos procurando defender nuestro lado flaco, mientras que el enemigo golpea el lado desprotegido, aquel en el que tenemos más confianza. Y terminamos derrotados porque ocurre aquello que nunca podía ocurrir: dejar que el Enemigo escoja la manera de pelear."

Todo lo que Petrus estaba diciendo ya había sucedido en mi combate con el perro. Al mismo tiempo, yo rechazaba la idea de tener enemigos y de verme obligado a combatir contra ellos. Cuando Petrus se refería al Buen Combate, siempre creí que estaba hablando de la lucha por la vida.

—Tienes razón, pero el Buen Combate no es sólo eso. Guerrear no es un pecado —dijo, después de que le planteé mis dudas—. Guerrear es un acto de amor. El Enemigo nos desarrolla y nos perfecciona, como el perro hizo contigo.

—Sin embargo, parece que tú nunca estás satisfecho. Siempre falta algo. Ahora me vienes a hablar del secreto de la espada.

Petrus dijo que eso era algo que yo debía saber antes de iniciar la caminata. Y siguió hablando del Enemigo.

—El Enemigo es una parte de Ágape y está ahí para probar nuestra mano, nuestra voluntad, el manejo de la espada. Fue puesto en nuestra vida, y nosotros en la de él, con un propósito.

Ese propósito tiene que ser satisfecho. Por eso, huir de la lucha es lo peor que nos puede pasar. Es peor que perder la lucha, porque en la derrota siempre podemos aprender algo, pero en la fuga todo lo que logramos es declarar la victoria de nuestro Enemigo.

Le dije que estaba sorprendido de escuchar a Petrus, que parecía tener una liga tan grande con Jesús, hablando de aquella forma de la violencia.

—Piensa en la necesidad de Judas para Jesús —dijo Petrus—. Él tenía que elegir a un Enemigo o su lucha en la tierra no podía ser glorificada.

Las cruces de madera del camino mostraban cómo había sido construida aquella gloria. Con sangre, con traición, con abandono. Me levanté y le dije que estaba listo para continuar con la caminata.

Mientras andaba, le pregunté cuál era, en una lucha, el punto más fuerte en el que un hombre podía apoyarse para vencer al Enemigo.

—Su presente. El hombre se apoya mejor en lo que está haciendo ahora, porque ahí está Ágape, la voluntad de vencer con Entusiasmo.

"Y hay otra cosa que quiero dejar muy en claro: el Enemigo rara vez representa al Mal. Él está siempre presente porque una espada sin uso termina oxidándose en la vaina."

Recordé que cierta vez, cuando estábamos construyendo una casa de veraneo, mi mujer había decidido cambiar de una hora a otra la disposición de uno de los cuartos. Me tocó a mí la desagradable tarea de comunicar dicho cambio al maestro de obras. Llamé al hombre, un viejo de casi sesenta años, y le dije lo que quería. Él miró, pensó y salió con una solución mucho mejor, utilizando la pared que había comenzado a levantar en ese momento. Mi mujer adoró la idea.

Tal vez fuera eso lo que Petrus estaba intentando decirme, con palabras tan complicadas, con respecto de utilizar la fuerza de lo que estamos haciendo en el momento para vencer al Enemigo.

Le conté la historia del maestro de obras.

—La vida enseña siempre más que el Extraño Camino de Santiago —respondió—. Pero no tenemos mucha fe en las enseñanzas de la vida.

Las cruces continuaban a lo largo de toda la Ruta Jacobea. Debían ser obra de algún peregrino con una fuerza casi sobrehumana, para levantar aquella madera sólida y pesada. Había cruces cada treinta metros y se extendían hasta donde mi vista alcanzaba. Le pregunté a Petrus qué significaban.

—Un viejo y superado instrumento de tortura —dijo él.

—¿Pero qué están haciendo aquí?

—Debe haber sido alguna promesa. ¿Cómo puedo saberlo?

Paramos ante una de ellas, que había sido derribada.

—Tal vez la madera esté podrida —dije yo.

—Es una madera igual a todas las otras. Y ninguna se pudrió.

—Entonces no debe haber sido clavada en el suelo con firmeza.

Petrus se detuvo y miró en derredor. Soltó la mochila en el suelo y se sentó. Habíamos descansado sólo algunos minutos antes y no entendí su gesto. Instintivamente miré a mi alrededor, buscando al perro.

—Ya venciste al perro —dijo él, como si adivinara mis pensamientos—. No te asustes con el fantasma de los muertos.

—¿Entonces por qué paramos?

Petrus me hizo señas de que dejara de hablar y permaneció en silencio por algunos minutos. Sentí de nuevo el viejo miedo del perro y decidí quedarme en pie, esperando que se decidiera a hablar.

—¿Qué estás escuchando? —preguntó, después de algún tiempo.

—Nada. El silencio.

—¡Ojalá fuéramos tan iluminados al punto de escuchar en el silencio! Pero todavía somos hombres y no sabemos siquiera escuchar el parloteo de nosotros mismos. Nunca me preguntaste cómo presentí la llegada de Legión, y ahora te lo voy a decir: por la audición. El ruido comenzó muchos días antes, cuando todavía estábamos en Astorga. A partir de ahí empecé a caminar más rápido, pues todo indicaba que nuestros caminos se cruzarían en Foncebadón. Tú oíste el mismo ruido que yo, y no lo escuchaste.

"Todo está escrito en los ruidos. El pasado, el presente y el futuro del hombre. Un hombre que no sabe oír no puede escuchar los consejos que la vida nos da a cada instante. Sólo quien escucha el ruido del presente puede tomar la decisión correcta."

Petrus me pidió que me sentara y que me olvidara del perro. Después dijo que me enseñaría una de las Prácticas más fáciles y más importantes del Camino de Santiago.

Y me explicó EL EJERCICIO DE LA AUDICIÓN.

—Hazlo ahora mismo —me dijo.

Comencé a realizar el ejercicio. Escuchaba el viento, alguna voz femenina muy lejos, y a determinada altura percibí que una rama se rompía. No era realmente un ejercicio difícil, y su simplicidad me dejó fascinado. Pegué el oído al cielo y comencé a escuchar el ruido sordo de la tierra. Poco a poco distinguí cada sonido: el sonido de las hojas quietas, el sonido de la voz a la distancia, el murmullo del batir de las alas del pájaro. Un animal gruñó, pero no pude identificar qué era. Los quince minutos del ejercicio pasaron volando.

El Ejercicio
de la Audición

Relájate. Cierra los ojos.

Procura concentrarte, durante algunos minutos, en todos los sonidos que te rodean, como si fueran una orquesta tocando sus instrumentos.

Poco a poco, ve distinguiendo cada sonido por separado. Concéntrate en uno por uno, como si hubiera sólo un instrumento tocando. Procura eliminar los otros sonidos de tu mente.

Con la práctica diaria de este ejercicio, comenzarás a oír voces. Primero creerás que son fruto de tu imaginación. Después descubrirás que son voces de personas pasadas, presentes y futuras, participando de la Memoria del Tiempo.

Este ejercicio sólo debe ser realizado si conoces la voz de tu Mensajero.

Duración mínima: diez minutos.

—Con el tiempo verás que este ejercicio te ayudará a tomar la decisión correcta —dijo Petrus, sin preguntar qué había escuchado yo—. Ágape habla por el Globo Azul, pero habla también por la vista, por el tacto, por el perfume, por el corazón y por los oídos. En una semana, como máximo, comenzarás a escuchar voces. Primero serán voces tímidas, pero poco a poco comenzarán a decirte cosas importantes. Sólo ten cuidado con tu Mensajero, que va a tratar de confundirte. Pero como tú conoces su voz, ya no será una amenaza.

Petrus preguntó si escuché el llamado alegre de un Enemigo, la invitación de una mujer o el secreto de mi espada.

—Escuché sólo una voz femenina a lo lejos —dije—. Pero era una campesina llamando a su hijo.

—Entonces mira esta cruz que tienes enfrente, y ponla en pie con el pensamiento.

Pregunté cuál era el ejercicio.

—Tener fe en tu pensamiento —respondió.

Me senté en el suelo, en posición de yoga. Sabía que después de todo lo que había logrado, del perro, de la catarata, lograría esto también. Miré fijamente la cruz. Me imaginé saliendo de mi cuerpo, agarrando sus brazos y levantándola con mi cuerpo astral. En el camino de la Tradición ya había hecho algunos de esos pequeños "milagros". Podía romper vasos, estatuas de porcelana y mover cosas sobre la mesa. Era un truco fácil de magia que, a pesar de no significar Poder, ayudaba mucho a convencer a los "impíos". Nunca había intentado antes con un objeto del tamaño y peso de aquella cruz, pero si Petrus lo había ordenado, yo sabría conseguirlo.

Intenté de todas las formas durante media hora. Utilicé viaje astral y sugestión. Recordé el dominio que tenía el Maestro de la fuerza de gravedad y procuré repetir las palabras que él siempre decía en esas ocasiones. Nada pasó. Yo estaba completamente concentrado y la cruz no se movía. Invoqué a Astrain, que apareció entre las columnas de fuego. Pero cuando le hablé de la cruz, me dijo que detestaba aquel objeto.

Petrus terminó sacudiéndome y sacándome del trance.

—Vamos, eso está muy mal —dijo—. Ya que no lo logras con el pensamiento, pon esa cruz en pie con las manos.

—¿Con las manos?

—¡Obedece!

Me llevé un susto. De repente ante mí estaba un hombre ríspido, muy distinto del que había cuidado de mis heridas. Yo no sabía bien qué decir, ni qué hacer.

—¡Obedece! —repitió él—. ¡Es una orden!

Yo tenía los brazos y las manos vendados por la lucha con el perro. A pesar del ejercicio de oír, mis oídos se rehusaban a creer lo que estaba escuchando. Sin decir nada, le mostré las vendas. Pero él siguió mirándome fríamente, inexpresivo. Esperaba que yo le obedeciera. El guía y amigo que me había acompañado durante todo ese tiempo, que me había enseñado las Prácticas de RAM y contado las bellas historias del Camino de Santiago parecía no estar más ahí. En su lugar veía sólo a un hombre que me miraba como esclavo y que me pedía una cosa estúpida.

—¿Qué estás esperando? —dijo, una vez más.

Recordé la catarata. Recordé que ese día había dudado de Petrus y que él había sido generoso conmigo. Había mostrado su amor e impedido que desistiera de la espada. No podía entender por qué alguien tan generoso estaba siendo tan rudo ahora, representando en aquel momento todo lo que la raza humana estaba intentando alejar, que era la opresión del hombre por su semejante.

—Petrus, yo…

—Obedece o el Camino de Santiago acaba ahora.

El miedo volvió. En aquel momento yo estaba teniendo más miedo de él que de la cascada, más miedo de él que del perro que me había asustado por tanto tiempo. Pedí desesperadamente que la naturaleza me diera alguna señal, que pudiera ver u oír algo que justificara aquella orden sin sentido. Todo siguió en silencio a mi alrededor. Era obedecer a Petrus u olvidarme de mi espada. Todavía levanté una vez más los brazos vendados, pero él se sentó en el suelo y esperó a que cumpliera su orden.

Entonces decidí obedecer.

Caminé hasta la cruz e intenté empujarla con el pie, para probar su peso. Casi no se movió. Aun si tuviera las manos libres, tendría una inmensa dificultad en levantarla, e imaginé que con las manos vendadas aquella tarea sería casi imposible. Pero obedecería. Moriría ahí frente a él, si fuera necesario, sudaría sangre como Jesús la sudó cuando tuvo que cargar aquel mismo peso, pero él vería mi dignidad y tal vez eso tocara su corazón, librándome de aquella prueba.

La cruz estaba rota en la base, pero todavía estaba presa por algunas fibras de manera. No había una navaja para cortar esas fibras. Dominando el dolor, me abracé a ella e intenté arrancarla de la base quebrada sin usar las manos. Las heridas de los brazos entraron en contacto con la madera y yo grité de dolor. Miré a Petrus, y él continuaba impasible. Decidí no gritar más: a partir de ese instante, los gritos morirían dentro de mi corazón.

Noté que mi problema inmediato no era mover la cruz, sino liberarla de su base y después cavar un agujero en el suelo y empujarla dentro. Elegí una piedra afilada y, dominando el dolor, comencé a golpear y a frotar las fibras de madera.

El dolor aumentaba a cada instante y las fibras iban cediendo muy lentamente. Tenía que acabar pronto con eso antes de que las heridas volvieran a abrirse y la cosa se volviera insoportable. Decidí hacer el trabajo un poco más despacio, de manera que llegara al final antes de que el dolor me venciera. Me quité la camiseta, enrollé en ella la mano y volví a trabajar más protegido. La idea fue buena: se rompió la primera fibra, después la segunda. Se gastó el filo de la piedra y busqué otra. Cada vez que paraba el trabajo, tenía la impresión de que no lograría comenzar de nuevo. Junté varias piedras afiladas y seguí utilizando una después de otra, para que el calor de la mano trabajando disminuyera el efecto del dolor. Casi todas las fibras se habían roto ya y, sin embargo, la fibra principal resistía todavía. El dolor en la mano fue aumentando; abandoné mi plan inicial y comencé a trabajar frenéticamente. Sabía que llegaría a un punto en que el dolor sería insoportable. Ese punto estaba cerca y era sólo cuestión de tiempo, tiempo que yo necesitaba vencer. Fui cortando, golpeando, sintiendo que entre la piel y la venda algo pastoso comenzaba a dificultar los movimientos. Debía ser sangre, pensé, pero evité pensar más. Apreté los dientes y de repente la fibra central pareció ceder. Yo estaba tan nervioso que me levanté de inmediato y le di un puntapié, con toda mi fuerza, a aquel tronco que me estaba causando tanto sufrimiento.

Con un ruido, la cruz cayó hacia un lado, libre de la base.

Mi alegría duró solamente algunos segundos. La mano comenzó a pulsar violentamente, cuando apenas había comenzado la tarea. Miré a Petrus, y él se había dormido. Durante un tiempo imaginé una manera de engañarlo, de poner la cruz en pie sin que él lo notara.

Pero era exactamente eso lo que Petrus quería: que yo pusiera la cruz en pie. Y no había forma alguna de engañarlo, porque la tarea dependía sólo de mí.

Mire al suelo, a la tierra seca y amarilla. Nuevamente las piedras serían mi única salida. Ya no podía trabajar más directamente con la mano, porque estaba demasiado adolorida, y tenía aquella cosa pastosa dentro que me provocaba una inmensa aflicción. Quité despacio la camisa que estaba envolviendo las vendas: el rojo de la sangre había manchado la gasa, después de que la herida casi había cicatrizado. Petrus era inhumano.

Busqué otro tipo de piedra, más pesada y resistente. Enrollando la camisa en la mano izquierda, comencé a golpear en el suelo y a cavar frente al pie de la cruz. El progreso inicial, que parecía rápido, cedió pronto ante un suelo duro y reseco. Yo seguía cavando y el hoyo parecía tener siempre la misma profundidad. Decidí no alargar mucho el agujero, para que la cruz pudiera encajar sin quedar floja en la base, y eso aumentaba mi dificultad de sacar la tierra del fondo. La mano derecha había dejado de doler, pero la sangre coagulada me daba náuseas y aflicción. Como no tenía práctica en trabajar con la mano izquierda, la piedra se soltaba de mis dedos a cada momento.

Cavé durante un tiempo interminable. Cada vez que la piedra golpeaba el suelo, cada vez que mi mano entraba en el agujero para sacar la tierra, pensaba en Petrus. Miraba su sueño tranquilo o lo odiaba desde el fondo de mi corazón. Ni el ruido ni el odio parecían perturbarlo. "Petrus debe tener sus motivos", pensaba, pero no podía entender aquella servidumbre, ni la manera en que me había humillado. Entonces el suelo se transformaba en su cara, yo lo golpeaba con la piedra, y la rabia me ayudaba a cavar más hondo. Era sólo cuestión de tiempo: más tarde o más temprano terminaría consiguiéndolo.

Cuando acabé de pensar en eso, la piedra tocó en algo sólido y se me soltó otra vez. Era exactamente lo que yo estaba temiendo; después de tanto tiempo de trabajo, había encontrado otra piedra, demasiado grande como para que yo pudiera proseguir.

Me levanté, me enjugué el sudor del rostro y comencé a pensar. No tenía fuerzas suficientes para transportar la cruz a otro sitio. No podría comenzar todo de nuevo, porque la mano izquierda, ahora que yo había parado, comenzaba a dar señales de insensibilidad. Aquello era peor que el dolor y me preocupó. Comencé a mirar los dedos y vi que seguían moviéndose, obedeciendo mis órdenes, pero mi instinto decía que no debía sacrificar más aquella mano.

Miré el agujero. No era lo bastante hondo para mantener la cruz con todo su peso.

"La solución equivocada te indicará la correcta." Me acordé del ejercicio de las sombras y de la frase de Petrus. Al mismo tiempo, él decía insistentemente que las Prácticas de RAM sólo tenían sentido si yo pudiera aplicarlas en los desafíos diarios de la vida. Aun ante una situación absurda como aquella, las Prácticas de RAM debían servir para algo.

"La solución equivocada te indicará la correcta." El camino imposible era arrastrar la cruz a otro lugar, porque ya no tenía fuerzas para eso. El camino imposible era seguir cavando, descender más profundo en aquel suelo.

Entonces, si el camino equivocado era descender más en el suelo, el camino posible era levantar el suelo. ¿Pero cómo?

Y de repente, todo mi amor por Petrus volvió. Él tenía razón. Yo podía levantar el suelo.

Comencé a juntar todas las piedras que había alrededor y a colocarlas en torno al agujero, mezclándolas con la tierra retirada. Con gran esfuerzo, levanté un poco el pie de la cruz y lo calcé con las piedras de modo que quedara más alto. En media hora el suelo estaba más alto y el agujero era lo bastante profundo.

Sólo me restaba lanzar la cruz dentro del agujero. Era el último esfuerzo y tenía que lograrlo. Una de las manos estaba insensible y la otra adolorida. Mis brazos estaban vendados. Pero tenía la espalda bien, con sólo algunos arañazos. Si me acostara debajo de la cruz y la fuera levantando poco a poco, podría hacer que se deslizara hacia adentro.

Me acosté en el suelo, sintiendo el polvo en la boca y en los ojos. La mano insensible hizo un último esfuerzo, levantó la cruz un poco y entré debajo de ella. Con todo cuidado me acomodé para que el tronco quedara en mi columna. Sentía su peso, era grande, pero no imposible. Recordé el ejercicio de la semilla y, con toda lentitud, me fui acomodando en posición fetal debajo de la cruz, equilibrándola en mi espalda. Algunas veces creía que se me escurriría, pero yo estaba yendo muy despacio, de manera que lograba prever el desequilibrio y corregirlo con la postura del cuerpo. Finalmente adopté la posición fetal, colocando las rodillas hacia el frente y manteniéndola equilibrada en la espalda. Por un momento el pie de la cruz vaciló en el montón de piedras, pero no se salió de su lugar.

"Qué bueno que no necesito salvar al Universo", pensé, aplastado por el peso de aquella cruz y de todo lo que ella representaba. Y un profundo sentimiento de religiosidad se adueñó de mí. Recordé que alguien ya la había cargado en las espaldas y que sus manos heridas no podían escapar, como las mías, del dolor y de la madera. Era un sentimiento de religiosidad cargado de dolor, que aparté de inmediato de la mente, porque la cruz en mi espalda comenzaba a vacilar de nuevo.

Entonces, levantándome despacio, comencé a renacer. No podía mirar hacia atrás y el ruido era mi única forma de orientación, pero poco antes había aprendido a escuchar el mundo, como si Petrus pudiera adivinar que yo necesitaría de ese tipo de conocimiento ahora. Sentía el peso y las piedras acomodándose, pero la cruz subía lentamente, para redimirme de esa prueba y volver a ser el extraño marco de una parte del Camino de Santiago.

Sólo faltaba ahora el esfuerzo final. Cuando estuviera sentado en mis talones, ella debía deslizarse de mi espalda e iría a parar al fondo del agujero. Una o dos piedras escaparon de su lugar, pero ahora la cruz me estaba ayudando, pues no salió de la dirección del lugar donde yo había levantado el suelo. Finalmente, un tirón en mis costillas indicó que la base había quedado libre. Era el momento final, semejante al de la catarata, cuando tuve que atravesar la corriente de agua. El momento más difícil, porque tenemos miedo de perder y queremos desistir antes de que eso suceda. Una vez más sentí lo absurdo de mi tarea, poniendo una cruz en pie cuando todo lo que yo quería era encontrar mi espada y derribar todas las cruces para que Cristo Redentor pudiera renacer en el mundo. Nada de eso importaba. Con un golpe súbito empujé la espalda, la cruz se deslizó y, en ese momento, entendí una vez más que era el destino quien estaba guiando la obra que yo había hecho.

Me quedé aguardando el estrépito de la cruz cayendo hacia el otro lado y tirando para todas partes las piedras que yo había juntado. Pensé enseguida que el impulso podía no haber sido suficiente, y que volvería a caer sobre mí. Pero todo lo que oí fue un ruido sordo, de algo golpeando contra el fondo de la tierra.

Me di vuelta despacio. La cruz estaba en pie, todavía balanceándose a causa del impulso. Algunas piedras rodaban del montón, pero ella no caería. Rápidamente volví a colocar las piedras en su lugar y me abracé a ella para que dejara de balancearse. En ese momento la sentí viva, caliente, con la certeza de que había sido una amiga durante toda mi tarea. Me fui soltando despacio, ajustando las piedras con los pies.

Me quedé admirando mi trabajo durante algún tiempo, hasta que las heridas comenzaron a doler. Petrus seguía dormido. Me acerqué a él y le di un empujoncito con el pie.

Él despertó súbitamente y miró la cruz.

—Muy bien —fue todo lo que dijo—. En Ponferrada te cambiaremos las vendas.

La tradición

—Preferiría haber levantado un árbol. Esa cruz en mi espalda me dio la impresión de que el objetivo de la búsqueda de la sabiduría es ser sacrificado por los hombres.

Miré a mi alrededor, y mis propias palabras sonaron sin sentido. El episodio de la cruz era algo lejano, como si hubiera ocurrido hacía mucho tiempo, y no el día anterior. No combinaba de ninguna manera con el baño de mármol negro, el agua tibia de la tina de hidromasaje y la copa de cristal con un excelente vino Rioja que yo bebía despacio. Petrus estaba fuera del alcance de mi vista, en el cuarto del lujoso hotel donde nos habíamos hospedado.

—¿Por qué la cruz? —insistí.

—Fue difícil convencer a los de la recepción que no eras un mendigo —gritó él, desde el cuarto.

Él había cambiado de tema y yo sabía, por experiencia propia, que de nada serviría insistir. Me levanté, me puse un pantalón largo y una camisa limpia y cambié las vendas de las heridas. Las había quitado con todo cuidado, esperando encontrar llagas, pero sólo se había roto la costra de la herida, dejando salir un poco de sangre. Se había formado una nueva cicatriz y yo me estaba sintiendo recuperado y bien dispuesto.

Cenamos en el restaurante del hotel. Petrus pidió la especialidad de la casa, paella valenciana, que comimos en silencio, acompañados sólo de un delicioso vino Rioja. Al término de la cena, me invitó a dar una vuelta.

Salimos del hotel y fuimos hacia la estación de ferrocarriles. Él había vuelto a su mutismo habitual y siguió callado durante toda la caminata. Llegamos a un estacionamiento de vagones de tren, sucio y con olor a aceite, y él se sentó en la orilla de una gigantesca locomotora.

—Vamos a parar por aquí —dijo.

Yo no quería ensuciar mi pantalón en las manchas de aceite y decidí quedarme de pie. Le pregunté si no era mejor caminar hasta la plaza principal de Ponferrada.

—El Camino de Santiago está por terminar —dijo mi guía—. Y como nuestra realidad está mucho más cerca de estos vagones de tren que huelen a aceite que los bucólicos recintos que conocimos en nuestra jornada, es mejor que nuestra conversación de hoy sea aquí.

Petrus me pidió que me quitara los tenis y la camisa. Después aflojó las vendas del brazo, dejándolos más libres. Pero conservó las de las manos.

—No te aflijas —dijo—. No vas a necesitar tus manos ahora; por lo menos, no para agarrar algo.

Estaba más serio que de costumbre y su tono de voz me dejó preocupado. Algo importante estaba por suceder.

Petrus volvió a sentarse en la orilla de la locomotora y me miró por un largo tiempo. Después habló:

—No voy a decirte nada sobre el episodio de ayer. Descubrirás su significado por ti mismo, y eso ocurrirá si un día decides hacer el Camino de Roma, que es el Camino de los Carismas y los milagros. Sólo quiero decirte una cosa: los hombres que se piensan sabios son indecisos a la hora de mandar y rebeldes a la hora de servir. Creen que es vergonzoso dar órdenes y una deshonra recibirlas. Jamás te comportes así.

"En el cuarto dijiste que el camino de la sabiduría llevaba al sacrificio. Eso es un error. Tu aprendizaje no terminó ayer: falta descubrir tu espada y el secreto que ella contiene. Las Prácticas de RAM llevan al hombre a librar el Buen Combate y a tener mejores oportunidades de victoria en la vida. La experiencia por la que pasaste ayer era apenas una prueba del Camino, una preparación para el Camino de Roma. Si quisieras —y me entristece que hayas pensado así."

Realmente había un tono de tristeza en su voz. Noté que durante todo el tiempo que estuvimos juntos, yo había puesto en duda casi siempre lo que él me enseñaba. Yo no era un Castaneda humilde y poderoso ante las enseñanzas de Don Juan, sino un hombre soberbio y rebelde ante toda la simplicidad de las Prácticas de RAM. Quise decírselo, pero sabía que ya era muy tarde.

—Cierra los ojos —dijo Petrus—. Haz el Soplo de RAM y procura armonizarte con este hierro, estas máquinas y este olor a aceite. Este es nuestro mundo. Sólo abrirás los ojos cuando yo haya terminado mi parte y vaya a enseñarte un ejercicio.

Me concentré en el Soplo, cerré los ojos y mi cuerpo comenzó a relajarse. Estaba el ruido de la ciudad, algunos perros ladrando a lo lejos y un murmullo de voces discutiendo, no muy lejos de donde estábamos. De repente comencé a escuchar la voz de Petrus entonando una canción italiana que había sido un gran éxito en mi adolescencia en la voz de Pepino Di Capri. No entendía la letra, pero la canción me trajo grandes recuerdos y me ayudó a entrar en un estado de mayor tranquilidad.

—Algún tiempo atrás —comenzó él, después de dejar de cantar—, cuando preparaba un proyecto para entregarlo a la Prefectura de Milán, recibí un mensaje de mi Maestro. Alguien había seguido hasta el final el camino de la Tradición y no había recibido su espada. Yo debía guiarlo por el Camino de Santiago.

"El hecho no fue sorpresa para mí: ya estaba esperando una llamada así en cualquier momento, porque aún no había cumplido mi tarea: guiar a un peregrino por la Vía Láctea, de la misma forma en que yo había sido guiado un día. Pero eso me puso nervioso, porque era la primera y única vez que tendría que hacer eso, y no sabía cómo desempeñaría mi misión."

Las palabras de Petrus fueron una gran sorpresa para mí. Yo creía que él había hecho aquello decenas de veces.

—Viniste y yo te conduje —continuó—. Confieso que al principio fue muy difícil, porque estabas mucho más interesado en el lado intelectual de las enseñanzas que en el verdadero sentido del Camino, que es el camino de las personas comunes. Después del encuentro con Alfonso, pasé a tener una relación mucho más fuerte e intensa contigo y a pensar que te haría aprender el secreto de tu espada. Pero eso no ocurrió, y ahora lo tendrás que aprender por ti mismo, en el poco tiempo que te resta para eso.

La conversación me estaba poniendo nervioso e hizo que me desconcentrara del Soplo de RAM. Petrus debe haberlo percibido, pues volvió a canturrear la vieja canción y sólo dejó de hacerlo cuando yo estaba relajado de nuevo.

—Si descubres el secreto y encuentras tu espada, descubrirás también la cara de RAM y serás dueño del Poder. Pero eso no es todo: para alcanzar la sabiduría total, todavía tendrás que recorrer los otros Tres Caminos, incluso el camino secreto, que no te será revelado ni siquiera por quien ya pasó por él. Te estoy diciendo eso porque sólo nos encontraremos una vez más.

Mi corazón dio un salto dentro del pecho y abrí los ojos involuntariamente. Petrus estaba brillando, con ese tipo de luz que sólo había visto en el Maestro.

—¡Cierra los ojos! —ordenó, y obedecí rápidamente. Pero mi corazón estaba oprimido y ya no lograba concentrarme más. Mi guía volvió a la canción italiana, y sólo después de un largo tiempo me relajé un poco.

—Mañana recibirás un mensaje diciéndote dónde estoy. Será un ritual de iniciación colectiva, un ritual para honrar la Tradición. A los hombres y mujeres que durante todos estos siglos han ayudado a mantener encendida la llama de la sabiduría, del Buen Combate y de Ágape. No podrás hablar conmigo. El lugar donde nos encontraremos es sagrado, bañado por la sangre de caballeros que siguieron el camino de la Tradición y que, incluso con sus espadas afiladas, fueron incapaces de derrotar a las tinieblas. Pero su sacrificio no fue en vano, y prueba de eso es que, siglos después, personas que siguen caminos diferentes estarán ahí para rendirles tributo. Esto es importante, y no debes olvidarlo jamás: aun convirtiéndote en Maestro, sabe que tu camino es sólo uno de los muchos que llevan a Dios. Jesús dijo cierta vez: "La casa de mi Padre tiene muchas Moradas". Y sabía perfectamente de qué estaba hablando.

Petrus me dijo nuevamente que, después de mañana, no volvería a verlo.

—Un día, en el futuro, recibirás un comunicado mío, pidiéndote que conduzcas a alguien por el Camino de Santiago, de la misma forma en que yo te conduje a ti. Entonces podrás vivir el gran secreto de esta jornada, que es un secreto que voy a revelarte ahora, pero sólo con palabras. Es un secreto que necesita ser vivido para ser comprendido.

Hubo un silencio prolongado. Llegué a pensar que él había cambiado de idea o que había salido del estacionamiento de trenes. Sentí un deseo enorme de abrir los ojos y ver qué estaba pasando, y me esforcé por concentrarme en el Soplo de RAM.

—El secreto es el siguiente —dijo la voz de Petrus, después de un largo tiempo—. Sólo puedes aprender cuando enseñas. Hicimos juntos el Extraño Camino de Santiago, pero mientras aprendías las Prácticas, yo conocía su significado. Al enseñarte, aprendí de verdad. Al asumir el papel de guía, logré encontrar mi propio camino.

"Si fueras capaz de encontrar tu espada, tendrás que enseñarle el Camino a alguien. Y sólo cuando eso ocurra, cuando aceptes el papel de Maestro, verás todas las respuestas dentro de tu corazón. Todos ya conocemos todo, antes de que alguien nos haya siquiera hablado al respecto. La vida enseña a cada momento, y el único secreto es aceptar que, sólo en nuestro día a día podemos ser tan sabios como Salomón y tan poderosos como Alejandro Magno. Pero sólo tomamos conocimiento de eso cuando nos vemos forzados a enseñar a alguien y a participar en aventuras tan extravagantes como ésta."

Yo estaba viviendo una de las despedidas más inesperadas de mi vida. Alguien con quién había tenido un vínculo tan intenso, que esperaba que me condujera hasta mi objetivo, me dejaba ahí en medio del camino. En una estación de tren, oliendo a aceite, y manteniendo los ojos cerrados.

—No me gusta decir adiós —continuó Petrus—. Soy italiano y soy emocional. Por fuerza de la Ley, tendrás que descubrir tu espada tú solo; ésta es la única manera de que creas en tu propio poder. Todo lo que yo tenía para transmitirte, ya te lo transmití. Falta sólo el ejercicio de la danza, que te enseñaré ahora y que deberás realizar mañana, en la celebración ritual.

Permaneció en silencio por algún tiempo, y entonces habló:

—Aquel que se glorifica, que se glorifique en el Señor. Puedes abrir los ojos.

Petrus estaba sentado en un enganche de la locomotora. No sentí ganas de hablar, porque soy brasileño y también emocional. La lámpara de mercurio que nos iluminaba comenzó a parpadear y un tren silbó a lo lejos, anunciando su llegada.

Entonces Petrus me enseñó EL EJERCICIO DE LA DANZA.

—Una cosa más —dijo, mirando al fondo de mis ojos—. Cuando acabé mi peregrinación, pinté un bello y hermoso cuadro, revelando todo lo que me había pasado por aquí. Este es el camino de las personas comunes, y puedes hacer lo mismo, si quieres. Si no sabes pintar, escribe algo o inventa un baile. Así, independientemente de donde estén, las personas podrán recorrer la Ruta Jacobea, la Vía Láctea, el Extraño Camino de Santiago.

El tren que había silbado comenzó a entrar en la estación. Petrus hizo un gesto y desapareció entre los vagones del estacionamiento. Yo me quedé ahí, en medio de aquel ruido de frenos sobre el acero, intentando descifrar la misteriosa Vía Láctea sobre mi cabeza, con sus estrellas que me habían guiado hasta este momento y que conducían, en su silencio, la soledad y el destino de todos los hombres.

EL EJERCICIO
DE LA DANZA

Relájate. Cierra los ojos.

Imagina las primeras canciones que escuchaste en tu vida. Comienza a cantarlas en tu pensamiento. Poco a poco, deja que determinada parte de tu cuerpo: los pies, el abdomen, las manos, la cabeza, etcétera, pero sólo una parte, comience a bailar la melodía que estás cantando.

Cinco minutos después, deja de cantar mentalmente y escucha los sonidos que te rodean. Compón con ellos una canción y danza con todo el cuerpo. Evita pensar en cualquier cosa, pero procura recordar las imágenes que aparecerán espontáneamente.

La danza es una de las formas más perfectas de comunicación con la Inteligencia Infinita.

Duración: quince minutos.

Al día siguiente había sólo una nota en el casillero de mi cuarto: 7:00 p. m. CASTILLO DE LOS TEMPLARIOS.

Pasé el resto de la tarde caminando de un lado al otro. Crucé más de tres veces la pequeña ciudad de Ponferrada, mientras miraba de lejos, en una elevación, el castillo donde debía estar al atardecer. Los templarios siempre excitaron mucho mi imaginación, y el castillo en Ponferrada no era la única marca de la Orden del Templo en la Ruta Jacobea. Creada por la determinación de nueve caballeros que decidieron no regresar de las Cruzadas, en poco tiempo esparcieron su poder por toda Europa y provocaron una verdadera revolución de costumbres a principios de este milenio. Mientras la mayor parte de la nobleza de la época sólo se preocupaba por enriquecerse a costa del trabajo servil en el sistema feudal, los Caballeros del Templo dedicaron sus vidas, sus fortunas y sus espadas a una sola causa: proteger a los peregrinos camino a Jerusalén, encontrando un modelo de vida espiritual que los ayudara en su búsqueda de la sabiduría.

En 1118, cuando Hugues de Payns y ocho caballeros más se reunieron en el patio de un viejo castillo abandonado, hicieron un juramento de amor por la humanidad. Dos siglos después existían ya más de cinco mil encomiendas esparcidas por todo el mundo conocido, conciliando dos actividades que hasta entonces parecían incompatibles: la vida militar y la religiosa. Las donaciones de sus miembros y de miles de peregrinos agradecidos hicieron que la Orden del Templo acumulara en poco tiempo una riqueza incalculable, que más de una vez sirvió para rescatar a cristianos importantes secuestrados por musulmanes. La honestidad de los Caballeros era tan grande que reyes y nobles confiaban sus valores a los Templarios, viajando sólo con un documento para comprobar la existencia de aquellos bienes. Ese documento podía ser cambiado en cualquier Castillo de la Orden del Templo por una suma equivalente, y dio origen a las letras de cambio, que conocemos hasta hoy en día.

La devoción espiritual, a su vez, hizo que los Caballeros Templarios entendieran la gran verdad recordada por Petrus la noche anterior: que la Casa del Padre tiene muchas Moradas. Procuraban entonces hacer a un lado los combates por la fe y reunir a las principales religiones monoteístas de la época: la cristiana, la judaica y la islámica. Sus capillas tenía la cúpula redonda del templo judaico de Salomón, las paredes octagonales de las mezquitas árabes y las naves típicas de las iglesias cristianas.

Sin embargo, como todo lo que llega un poco antes de la época, los Templarios comenzaron a ser mirados con desconfianza. El gran poder económico pasó a ser cobijado por los reyes y la apertura religiosa se volvió una amenaza para la Iglesia. El viernes 13 de octubre de 1307, el Vaticano y los principales Estados europeos desataron uno de los mayores operativos policiacos de la Edad Media: durante la noche, los principales jefes Templarios fueron secuestrados de sus castillos y conducidos a prisión. Estaban acusados de practicar ceremonias secretas que incluían la adoración al Demonio, blasfemias contra Jesucristo, rituales orgiásticos y prácticas de sodomía con los aspirantes. Después de una serie violenta de torturas, abjuraciones y traiciones, la Orden del Templo fue barrida del mapa de la historia medieval. Sus tesoros fueron confiscados y sus miembros dispersos por el mundo. El último maestro de la Orden, Jacques de Molay, fue quemado vivo en el centro de París, junto con otro compañero. Su última petición fue morir mirando las torres de la Catedral de Notre Dame.[13]

Mientras tanto España, empeñada en la Reconquista de la Península Ibérica, tuvo a bien aceptar a los Caballeros que huían de toda Europa, para ayudar a sus reyes en el combate que libraban contra los moros. Esos Caballeros fueron absorbidos por las Órdenes españolas, entre ellas la Orden de Santiago de la Espada, responsable de la guarda del Camino.

Todo eso me pasó por la mente cuando, exactamente a las siete en punto de la tarde, crucé la puerta principal del viejo Castillo del Templo en Ponferrada, donde tenía un encuentro marcado con la Tradición.

No había nadie. Esperé durante media hora, fumando un cigarrillo tras otro, hasta que imaginé lo peor: el Ritual debía haber sido a las 7:00 AM, o sea, de la mañana. Pero en el momento que me decidía a irme, entraron dos jóvenes con la bandera de Holanda y con la venera símbolo del Camino de Santiago cosida a la ropa. Llegaron hasta mí, intercambiamos algunas palabras y concluimos que estábamos esperando por lo mismo. El mensaje no estaba equivocado, pensé con alivio.

Cada quince minutos llegaba alguien. Aparecieron un australiano, cinco españoles y otro holandés. Fuera de algunas preguntas sobre el horario, duda que era común a todos, no hablamos casi nada. Nos sentamos juntos en el mismo lugar del castillo —un atrio en ruinas que sirviera de depósito de ali-

---

[13] A quien desee profundizar en la historia e importancia de la Orden del Templo, le recomiendo el pequeño pero interesante libro *Los Templarios,* de Régine Pernoud (editorial Europa-América).

mentos en los tiempos antiguos— y decidimos aguardar hasta que algo ocurriera. Aunque fuera necesario esperar otro día y otra noche.

La espera se prolongó y decidimos conversar un poco sobre los motivos que nos habían traído hasta ahí. Fue entonces que vine a saber que el Camino de Santiago es utilizado por varias órdenes, la mayoría de ellas ligada a la Tradición. Las personas que ahí estaban habían pasado por muchas pruebas e iniciaciones, pruebas que yo conocí mucho tiempo antes, en Brasil. Sólo el australiano y yo estábamos en busca del grado máximo del Primer Camino. Aun sin entrar en detalles, percibí que el proceso del australiano era completamente distinto de las Prácticas de RAM.

Aproximadamente a las 8:45 de la noche, cuando íbamos a comenzar a conversar sobre nuestras vidas personales, sonó un gong. El sonido venía de la antigua capilla del castillo. Y todos nos dirigimos hacia allá.

Fue una escena impresionante. La capilla —o lo que quedaba de ella, ya que la mayor parte eran sólo ruinas— estaba toda iluminada con antorchas. En el sitio donde un día estuviera el altar se perfilaban siete figuras vestidas con los trajes seculares de los Templarios: capucha y casco de acero, una cota de malla de hierro, la espada y el escudo. Sostuve la respiración: parecía que el tiempo hubiera dado un salto atrás. Lo único que mantenía el sentido de la realidad eran nuestros trajes, jeans y playeras con veneras cosidas.

Incluso con la débil iluminación de las antorchas pude percibir que uno de los Caballeros era Petrus.

—Aproxímense a sus maestros —dijo aquel que parecía ser el de más edad—. Sólo miren sus ojos. Quítense la ropa y reciban sus vestiduras.

Yo me encaminé hacia Petrus y miré en el fondo de sus ojos. Él estaba en una especie de trance y pareció no reconocerme. Pero percibí en sus ojos cierta tristeza, la misma tristeza que denotara su voz la noche anterior. Me quité toda la ropa y Petrus me entregó una especie de túnica negra, perfumada, que cayó suelta por mi cuerpo. Deduje que uno de aquellos maestros debía tener más de un discípulo, pero no pude ver cuál era porque tenía que mantener los ojos fijos en los de Petrus.

El Sumo Sacerdote nos encaminó al centro de la capilla y dos Caballeros comenzaron a trazar un círculo a nuestro alrededor, mientas lo consagraban:

—Trinitas, Sother, Mesías, Emmanuel, Sabahot, Adonai, Athanatos, Jesu…[14]

Y el círculo fue siendo encerrado, protección indispensable para quienes estaban dentro de él. Reparé que cuatro de esas personas tenían la túnica blanca, lo que significaba voto total de castidad.

—¡Amides, Theodonias, Anitor! —dijo el Sumo Sacerdote—. ¡Por los méritos de los Ángeles, Señor, yo me pongo la vestimenta de la salvación, y que todo aquello que yo desee pueda transformarse en realidad a través de ti, el Muy Sagrado Adonai, cuyo Reino dura para siempre! ¡Amén!

---

[14] Por ser un ritual extremadamente largo, y que sólo puede ser comprendido por quienes conocen el camino de la Tradición, opté por resumir las fórmulas utilizadas. Sin embargo, eso no tiene ninguna consecuencia en el libro, ya que este ritual fue ejecutado apenas buscando el reencuentro y el respeto a los Antiguos. Lo importante de esta parte en el Camino de Santiago, el ejercicio de la danza, se describe en su totalidad.

Por encima de la cota de malla, el Sumo Sacerdote vistió el manto blanco, con la Cruz Templaria bordada en rojo en el centro. Los otros Caballeros hicieron lo mismo.

Eran exactamente las nueve de la noche, hora de Mercurio, el Mensajero. Y ahí estaba yo, de nuevo en el centro de un círculo de la Tradición. Un incienso de menta, albahaca y benjuí se dejó sentir en la capilla. Y comenzó la gran invocación, hecha por todos los Caballeros:

—Oh Grande y Poderoso Rey N., que reina por el poder del Dios Supremo, ÉL, sobre todos los espíritus superiores e inferiores, pero especialmente sobre la Orden del Dominio del Este, yo os invoco […] de manera que pueda conseguir mi deseo, sea cual fuere, siempre que sea propio a tu trabajo, por el poder de Dios, ÉL, que creó y dispone de todas las cosas, celestes, aéreas, terrestres e infernales.

Un profundo silencio se abatió sobre nosotros y, aun sin verla, pudimos sentir la presencia del nombre invocado. Esta era la consagración del Ritual, una señal propicia para proseguir las operaciones mágicas. Yo había participado en cientos de ceremonias así, con resultados muy sorprendentes cuando llega ese momento. Pero el Castillo Templario debe haber estimulado un poco mi imaginación, pues creí ver, planeando en el lado izquierdo de la capilla, una especie de ave brillante que nunca había visto antes.

El Sumo Sacerdote nos roció con agua, sin pisar dentro del círculo. Después escribió en la tierra, con Tinta Sagrada, los 72 nombres por los cuales Dios es llamado en la Tradición.

Todos ahí, peregrinos y Caballeros, comenzamos a recitar los nombres sagrados. El fuego de las antorchas crepitó, señal de que el espíritu invocado se había sometido.

Había llegado el momento de la Danza. Entendí por qué Petrus me enseñara a danzar el día anterior, una danza distinta de la que yo acostumbraba hacer en esta etapa del ritual.

Una regla no nos fue mencionada, pero todos ya la conocíamos: nadie podía pisar fuera del círculo de protección, ya que no llevábamos las protecciones que aquellos Caballeros tenían debajo de sus cotas de malla. Mentalicé el tamaño del círculo e hice exactamente lo que Petrus me había enseñado.

Comencé a pensar en mi infancia. Una voz, una lejana voz de mujer dentro de mí comenzó a entonar canciones de cuna. Me arrodillé, me encogí en la posición de semilla, y sentí que mi pecho, sólo mi pecho, comenzaba a danzar. Me sentía bien, y ya estaba por completo dentro del Ritual de la Tradición. Poco a poco la música dentro de mí se fue transformando, los movimientos se hicieron más bruscos, y entré en un poderoso éxtasis. Veía todo oscuro, y mi cuerpo ya no tenía gravedad en aquella oscuridad. Comencé a pasear por los campos floridos de Ágata, y en ellos me encontré con mi abuelo y con un tío que había marcado mucho mi infancia. Sentí la vibración del tiempo en su tela de cuadrados, donde todos los caminos se mezclan y se confunden, y se igualan a pesar de ser tan diferentes. A determinada hora vi pasar al australiano, a gran velocidad: tenía un brillo rojo en el cuerpo.

La siguiente imagen completa fue la de un cáliz y una patena,[15] y esta imagen permaneció fija durante mucho tiempo, como si quisiera decirme algo. Yo intentaba descifrarla, pero no lograba comprender nada, a pesar de tener la certeza de que se

---

[15] Especie de plato circular, normalmente de oro, sobre el cual el sacerdote coloca la hostia consagrada en la misa.

relacionaba con mi espada. Después pensé ver la cara de RAM, surgiendo en medio de la oscuridad que se formó cuando el cáliz y la patena desaparecieron. Pero cuando la cara se aproximó era sólo la cara de N., el espíritu invocado y mi viejo conocido. No establecimos ningún tipo de comunicación especial, y su cara se desvaneció en la oscuridad que iba y venía.

No sé cuánto tiempo estuvimos danzando. Pero de repente escuché una voz:

—IAHWEH, TETRAGRAMMATON...

Yo no quería salir del trance, pero la voz insistía:

—IAHWEH, TETRAGRAMMATON...

Reconocí la voz del Sumo Sacerdote, haciendo que todo el mundo saliera del trance. Eso me irritó. La Tradición todavía era mi raíz y no quería volver. Pero el Maestro insistía:

—IAHWEH, TETRAGRAMMATON...

No tuve forma de mantener el trance. Contrariado, volví a la Tierra. Estaba de nuevo en el círculo mágico, en el ambiente ancestral del Castillo Templario.

Nosotros, los peregrinos, nos miramos. El súbito corte parecía haber disgustado a todos. Sentí unas ganas inmensas de comentar con el australiano lo que había visto. Cuando lo miré, percibí que las palabras eran innecesarias: él me había visto también.

Los Caballeros se colocaron a nuestro derredor. Las manos comenzaron a golpear con las espadas en los escudos, creando un ruido ensordecedor. Hasta que el Sumo Sacerdote profirió:

—Oh Espíritu N., porque tú diligentemente atendiste mis demandas, con solemnidad permito que partas, sin injuria de hombre o bestia. Ve, te digo, y que estés listo y ansioso por volver, siempre y cuando seas debidamente exorcizado y conjurado por los Sagrados Ritos de la Tradición. Yo te conjuro a retirarte pacífica y quietamente, y pueda la Paz de Dios continuar para siempre entre tú y yo. Amén.

El círculo fue deshecho y nos arrodillamos con la cabeza baja. Un Caballero rezó con nosotros siete padrenuestros y siete avemarías. El Sumo Sacerdote agregó siete Credos, afirmando que Nuestra Señora de Medjugorje, cuyas apariciones ocurrían en Yugoslavia desde 1982, así lo habían determinado. Iniciábamos ahora un Ritual Cristiano.

—Andrew, levántate y ven aquí —dijo el Sumo Sacerdote. El australiano caminó hasta el frente del altar, donde estaban reunidos los siete Caballeros.

Otro Caballero, que debía ser su guía, habló:

—Hermano, ¿demandáis la compañía de la Casa?

—Sí —respondió el australiano. Y yo entendí qué ritual cristiano estábamos presenciando: la Iniciación de un Templario.

—¿Sabéis las grandes severidades de la Casa y de las órdenes caritativas que en ella están?

—Estoy dispuesto a soportarlo todo, por Dios, y deseo ser siervo y esclavo de la Casa, siempre, todos los días de mi vida —respondió el australiano.

Siguió una serie de preguntas rituales, algunas de las cuales ya no tenían sentido alguno en el mundo de hoy, y otras de profunda devoción y amor. Andrew respondía a todo, con la cabeza baja.

—Distinguido hermano, me pedís gran cosa, pues no veis, de nuestra religión, sino la cáscara exterior, los bellos caballos, los bellos ropajes —dijo su guía—. Mas no sabéis los duros mandamientos que están por dentro: pues es dura cosa que vos, que sois señor de vos mismo, os hagáis siervo de otro, pues rara vez haréis vos alguna cosa que queráis. Si quisierais estar aquí, os mandarán al otro lado del mar, y si quisierais estar en Acre os mandarán a la tierra de Trípoli, o de Antioquia, o de Armenia. Y cuando quisierais dormir, seréis obligado a velar, y si quisierais quedaros en vela, seréis mandado a descansar sobre vuestro lecho.

—Quiero entrar en la Casa —respondió el australiano.

Parecía que los Templarios ancestrales, que un día habitaron ese castillo, asistían satisfechos a la ceremonia de iniciación. Las antorchas crepitaban con intensidad.

Siguieron varias amonestaciones, y a todas el australiano contestó que aceptaba, que quería entrar en la Casa. Finalmente su guía se volvió hacia el Sumo Sacerdote y repitió todas las respuestas que el australiano diera. Con solemnidad, el Sumo Sacerdote le preguntó una vez más si estaba dispuesto a aceptar todas las normas que la Casa exigiera.

—Sí, Maestro, si Dios quiere. Vengo ante Dios, y ante vos, y ante los frailes, y os imploro y solicito, por Dios y por Nuestra Señora, que me acojáis en vuestra compañía y en los favores de la Casa, espiritual y temporalmente, como aquel que quiere ser siervo y esclavo de la Casa, todos sus días de su vida, de aquí en adelante.

—Hacedlo venir, por el amor de Dios —dijo el Sumo Sacerdote.

En ese momento, todos los Caballeros desenvainaron sus espadas y apuntaron al cielo. Después bajaron las láminas y formaron una corona de acero en torno a la cabeza de Andrew. El fuego hacía que las láminas reflejaran una luz dorada, dando al momento un carácter sagrado.

Solemnemente, su maestro se acercó. Y le entregó su espada.

Alguien comenzó a tocar una campana, y el sonido hacía ecos por las paredes del antiguo castillo, repitiéndose a sí mismo hasta el infinito. Todos bajamos la cabeza y los Caballeros desaparecieron de la vista. Cuando volvimos a levantar el rostro, éramos sólo diez, pues el australiano había salido con ellos para el banquete ritual.

Nos cambiamos de ropa y nos despedimos sin mayores formalidades. La danza debía haber durado mucho tiempo, pues ya comenzaba a clarear. Una inmensa soledad invadió mi alma.

Sentí envidia del australiano, que había recuperado su espada y llegado al final de su búsqueda. Yo estaba solo, sin nadie que me guiara de ahí en adelante, porque la Tradición, en un país distante de América del Sur, me había expulsado sin enseñarme el camino de regreso. Y tuve que recorrer el Extraño Camino de Santiago, que ahora estaba llegando a su fin, sin saber el secreto de mi espada o la forma de encontrarla.

La campana seguía tañendo. Al salir del castillo, con el día casi amaneciendo, reparé que era la campana de una iglesia cercana, llamando a los fieles para la primera misa del día. La ciudad despertaba para sus horas de trabajo, de amores sufridos, de sueños distantes y de cuentas por pagar. Sin que ni la campana, ni la ciudad supieran que, aquella noche, un rito ancestral había sido consumado una vez más, y que aquello que pensaban muerto hacía siglos seguía renovándose y mostrando su inmenso Poder.

El Cebreiro

—¿**U**sted es un peregrino? —preguntó la niña, única presencia viva en aquella tórrida tarde de Villafranca del Bierzo.

La miré y no dije nada. Ella debía tener unos ocho años de edad, estaba mal vestida y había corrido hasta la fuente donde yo me había sentado para descansar un poco.

Ahora mi única preocupación era llegar rápidamente a Santiago de Compostela y acabar de una vez con aquella loca aventura. No podía olvidar la voz triste de Petrus en el estacionamiento de vagones de tren, ni su mirada distante cuando había fijado mis ojos en él durante el Ritual de la Tradición. Era como si todo el esfuerzo que él había hecho para ayudarme hubiera resultado en nada. Cuando el australiano fue llamado al altar, tengo la certeza de que le hubiera gustado que yo hubiera sido llamado también. Mi espada podría muy bien estar escondida en ese castillo, lleno de leyendas y de sabiduría ancestral. Era un lugar que encajaba perfectamente en todas las conclusiones a las que había llegado: desierto, visitado sólo por algunos peregrinos que respetaban las reliquias de la Orden del Templo, y en un terreno sagrado.

Pero sólo el australiano fue llamado al altar. Y Petrus debía sentirse humillado ante los otros, porque no había sido un guía capaz de conducirme hasta la espada.

Además, el Ritual de la Tradición había nuevamente despertado en mí la fascinación por la sabiduría de lo Oculto, que ya había aprendido a olvidar mientras hacía el Extraño Camino de Santiago, el "camino de las personas comunes". Las invocaciones, el control casi absoluto de la materia, la comunicación con los otros mundos, todo aquello era mucho más interesante que las Prácticas de RAM. Era posible que las Prácticas tuvieran una aplicación más objetiva en mi vida; sin duda yo había cambiado mucho desde que comenzara a recorrer el Extraño Camino de Santiago. Había descubierto, gracias a la ayuda de Petrus, que el conocimiento adquirido me podía hacer transponer cataratas, vencer Enemigos y conversar con el Mensajero sobre cosas prácticas y objetivas. Había conocido el rostro de mi Muerte y el Globo Azul del Amor que Devora, inundando el mundo entero. Estaba listo para librar el Buen Combate y hacer da la vida una trama de victorias.

Aun así, una parte oculta de mí todavía sentía nostalgia de los círculos mágicos, de las fórmulas trascendentales, del incienso y de la Tinta Sagrada. Lo que Petrus había llamado "un homenaje a los Antiguos" había sido para mí un contacto intenso y nostálgico con las viejas lecciones olvidadas. Y la simple posibilidad de que tal vez nunca más pudiese tener acceso a ese mundo me dejaba sin estímulo para proseguir.

Cuando volví al hotel después del ritual de la Tradición, había junto a mi llave *La guía del peregrino*, un libro que Petrus utilizaba para los puntos donde las marcas amarillas eran menos visibles y para que pudiéramos calcular la distancia entre una población y otra. Dejé Ponferrada aquella misma mañana, sin dormir, y seguí el Camino. La primera tarde descubrí que el mapa no estaba a escala, lo que me obligó a pasar una noche a la intemperie, en un refugio natural de roca.

Ahí, meditando sobre todo lo que me sucediera desde el encuentro con Madame Lourdes, no salía de mi mente el esfuerzo insistente de Petrus para hacer que yo entendiera que, al contrario de lo que siempre nos habían enseñado, lo importante eran los resultados. El esfuerzo era saludable e indispensable, pero sin los resultados no significaba nada. Y el único resultado que podía esperar de mí mismo y de todo aquello por lo que había pasado era encontrar mi espada. Lo que no había sucedido hasta ahora. Y faltaban sólo pocos días de caminata para llegar a Santiago.

—Si usted es peregrino, yo puedo llevarlo a la Puerta del Perdón —insistió la pequeña junto a la fuente de Villafranca del Bierzo—. Quien cruza esa Puerta no necesita ir hasta Santiago.

Le extendí algunas pesetas, para que se fuera y me dejara en paz. Pero en vez de eso, la niña comenzó a jugar con el agua de la fuente, mojando mi mochila y mis bermudas.

—Vamos, vamos, mozo —dijo, una vez más.

En ese momento exacto yo estaba pensando en una de las constantes citas de Petrus: "Aquel que labre, hágalo con esperanza. El que trille, hágalo con la esperanza de recibir la parte que le es debida." Era una de las epístolas del apóstol San Pablo.

Tenía que resistir un poco más. Seguir buscando hasta el final sin tener miedo de la derrota. Mantener todavía la esperanza de encontrar mi espada y descifrar su secreto.

¿Y si esa niña —¿quién sabe?— estuviera intentando decirme algo que yo no quería entender? ¿Y si la Puerta del Perdón, que estaba en una iglesia, tenía el mismo efecto espiritual que la llegada a Santiago, por qué no podía estar ahí mi espada?

—Vamos ya —le dije a la niña. Miré el monte por el que acababa de descender; era necesario volver atrás y subir de nuevo parte de él. Yo había pasado por la Puerta del Perdón sin ningún deseo de conocerla, pues mi único objetivo fijo era llegar a Santiago. Sin embargo, ahí estaba una niña, única presencia viva en aquella tórrida tarde de verano, insistiendo para que volviera atrás y conociera algo que había pasado de largo. Tal vez mi prisa y mi desánimo me habían hecho pasar por mi objetivo sin reconocerlo. A final de cuentas, ¿por qué aquella chica no se había ido después de que le di el dinero?

Petrus siempre decía que me gustaba mucho fantasear las cosas. Pero podía estar engañado.

Mientras acompañaba a la niña, me acordaba de la historia de la Puerta del Perdón. Era una especie de "arreglo" que la Iglesia había hecho con los peregrinos enfermos, ya que de ahí para adelante el Camino volvía a ser accidentado y lleno de montañas hasta Compostela. Entonces, en el siglo XII, algún Papa dijo que para quien no tuviera fuerzas para seguir adelante, bastaba con atravesar la Puerta del Perdón, y recibiría las mismas indulgencias que los peregrinos que llegaban hasta el fin del Camino.

Con un pase mágico, dicho Papa había resuelto el problema de las montañas y estimulado las peregrinaciones.

Subimos por el mismo lugar por el que yo pasara antes: caminos sinuosos, resbaladizos y abruptos. La niña iba adelante, disparada como un rayo, y muchas veces tuve que pedirle que anduviera más despacio. Ella obedecía por cierto tiempo y luego perdía el sentido de la velocidad y comenzaba a correr de nuevo. Después de media hora y muchas reclamaciones, llegamos finalmente a la Puerta del Perdón.

—Yo tengo la llave de la Iglesia —dijo ella—. Voy a entrar y a abrir la Puerta para que usted la atreviese.

La chica entró por la puerta principal y yo me quedé esperando afuera. Era una capilla pequeña, y la Puerta era una abertura orientada hacia el norte. El umbral estaba decorado con veneras y escenas de la vida de Santiago. Cuando comencé a escuchar el sonido de la llave en la cerradura, un inmenso pastor alemán, surgido de no sé dónde, se aproximó y se interpuso entre la Puerta y yo.

Mi cuerpo se preparó inmediatamente para la lucha. "Otra vez", pensé para mis adentros. "Parece que esta historia no va a terminar nunca. Siempre pruebas, luchas y humillaciones. Y ninguna pista de la espada."

Sin embargo, en ese momento la Puerta del Perdón se abrió y apareció la niña. Al ver al perro mirándome —y yo ya con los ojos fijos en los de él— le dijo algunas palabras cariñosas, y el animal de inmediato se amansó. Meneando el rabo siguió hacia el fondo de la iglesia.

Era posible que Petrus tuviera razón. Yo adoraba fantasear las cosas. Un simple pastor alemán se había transformado en algo amenazador y sobrenatural. Aquello era una mala señal, señal del cansancio que lleva a la derrota.

Pero todavía quedaba una esperanza. La niña me hizo señas de que entrara. Con el corazón lleno de expectación, crucé la Puerta del Perdón y recibí las mismas indulgencias que los peregrinos de Santiago.

Mis ojos recorrieron el templo vacío, casi sin imágenes, en busca de la única cosa que me interesaba.

—Ahí están los capiteles en concha, símbolo del Camino —comenzó la niña, cumpliendo su papel de guía turístico—. Ésta es Santa Águeda, del siglo...

En poco tiempo me di cuenta que había sido inútil regresarme todo aquel trecho.

—Y éste es Santiago Matamoros, blandiendo su espada y con los moros sobre su caballo; estatua del siglo...

Ahí estaba la espada de Santiago. Pero no estaba la mía. Le extendí a la chica algunas pesetas más y ella no aceptó. Medio ofendida, me pidió que saliera pronto y dio por terminadas las explicaciones sobre la iglesia.

Bajé nuevamente la montaña y volví a caminar en dirección a Compostela. Mientras cruzaba por segunda vez Villafranca del Bierzo apareció otro hombre, que dijo llamarse Ángel, y me preguntó si quería conocer la Iglesia de San José Obrero. A pesar de la magia de su nombre, yo acababa de llevarme una decepción, y estaba seguro de que Petrus era un verdadero conocedor del espíritu humano. Siempre tenemos la tendencia de fantasear las cosas que no existen y de no ver las grandes lecciones que están ante nuestros ojos.

Pero sólo para confirmar aquello una vez más, me dejé conducir por Ángel hasta que llegamos a otra iglesia. Estaba cerrada y él no tenía la llave. Me mostró, sobre la puerta, la estatua de San José con las herramientas de carpintero en la mano. Yo miré, le agradecí y le ofrecí algunas pesetas. Él no quiso aceptarlas y me dejó en medio de la calle.

—Estamos orgullosos de nuestra ciudad —dijo—. No es por dinero que hacemos esto.

Volviendo una vez más por el mismo camino, en quince minutos había dejado atrás Villafranca del Bierzo, con sus puertas, sus calles y sus guías misteriosos que nada pedían a cambio.

Seguí durante algún tiempo por el terreno montañoso frente a mí, donde el esfuerzo era extremo y el progreso muy pequeño. Al principio pensaba sólo en mis preocupaciones anteriores: la soledad, la vergüenza de haber decepcionado a Petrus, mi espada y su secreto. Pero poco a poco las imágenes de la niña y de Ángel comenzaron a volver a cada instante a mi pensamiento. Mientras yo estaba con los ojos fijos en mi recompensa, ellos me habían dado lo mejor de sí. Su amor por aquella ciudad. Sin pedir nada a cambio. Una idea medio confusa comenzó a formarse en las profundidades de mí mismo. Era una especie de elemento de unión entre todo aquello. Petrus siempre había insistido en que la búsqueda de la recompensa era absolutamente necesaria para llegar a la Victoria. Sin embargo, siempre que yo me olvidaba del resto del mundo y me preocupaba sólo por mi espada, él me hacía volver a la realidad a través de procesos dolorosos. Ese procedimiento se había repetido varias veces durante el Camino.

Era algo intencional. Y ahí debía estar el secreto de mi espada. Lo que estaba sumergido en el fondo de mi alma comenzó a sacudirse y a mostrar un poco de luz. Yo todavía no sabía lo que estaba pensando, pero algo me decía que estaba en la pista correcta.

Agradecí el haberme cruzado con Ángel y con la niña; había Amor que Devora en la forma como hablaban de las iglesias. Me hicieron recorrer dos veces el camino que yo había decidido hacer aquella tarde. Y por eso yo había vuelto a olvidar la fascinación del Ritual de la Tradición y regresado a las tierras de España.

Recordé un día ya muy lejano, cuando Petrus me contó que habíamos caminado varias veces la misma ruta en los Pirineos. Sentí nostalgia de aquel día. Había sido un buen comienzo, quién sabe si la repetición del mismo hecho, ahora, era presagio de un buen final.

Aquella noche llegué a un poblado y pedí posada en la casa de una anciana señora, que me cobró una cantidad mínima por la cama y los alimentos. Conversamos un poco; ella me habló de su fe en Jesús del Sagrado Corazón y de sus preocupaciones con la cosecha de aceitunas aquel año de sequía. Yo tomé el vino, la sopa, y me fui a dormir temprano.

Me estaba sintiendo más tranquilo por ese pensamiento que se formaba en mí y que pronto debía explotar. Recé, hice algunos ejercicios que Petrus me había enseñado y decidí invocar a Astrain.

Necesitaba platicar con él sobre lo que había sucedido durante la lucha con el perro. Aquel día él había hecho lo posible para perjudicarme y, después de su rechazo en el episodio de la cruz, estaba decidido a apartarlo para siempre de mi vida. Pero si yo no hubiera identificado su voz, había cedido a las tentaciones que aparecieron durante todo el combate.

"Hiciste lo posible para ayudar a Legión a vencerme", dije.

"Yo no lucho contra mis hermanos", respondió Astrain. Era la respuesta que yo estaba esperando. Ya había sido prevenido a ese respecto, y era una tontería estar enojado por el hecho de que el Mensajero siguiera su propia naturaleza. Tenía que buscar en él al compañero que me ayudara en momentos como el que estaba pasando, esa era su única función. Hice a un lado el rencor y comenzamos a conversar animadamente sobre el Camino, sobre Petrus y el secreto de la espada, que yo presentía estaba dentro de mí. Él no me dijo nada importante, sólo que dichos secretos le estaban vedados. Pero por lo menos tuve a alguien con quien desahogarme un poco, después de toda una tarde en silencio. Conversamos hasta tarde, cuando la vieja tocó a mi puerta diciendo que yo estaba hablando dormido.

Desperté más animado y comencé la caminata bien temprano. Según mis cálculos, llegaría esa misma tarde a tierras de Galicia, donde estaba Santiago de Compostela. El camino era todo en subida y tuve que hacer doble esfuerzo durante casi cuatro horas para mantener el ritmo de caminata que me había impuesto. En todo momento esperaba que, en la próxima loma, empezaría a descender. Pero eso no sucedía nunca y acabé perdiendo las esperanzas de andar más rápido aquella mañana. Veía a lo lejos algunas montañas más altas y a cada instante me decía que tarde o temprano pasaría por ellas. Sin embargo, el esfuerzo físico había detenido casi por completo mis pensamientos, y me comencé a sentir más amigo de mí mismo.

"Caramba", pensé, "a final de cuentas, ¿cuántos hombres en el mundo podrían tomar en serio a alguien que lo deja todo para buscar una espada? ¿Y qué podría significar verdaderamente en mi vida el hecho de no poder encontrarla?" Había aprendido las Prácticas de RAM, había conocido a mi Mensajero, luchado con el perro y visto mi Muerte —me repetía, otra vez, intentando convencerme cuán importante era para mí el Camino de Santiago. La espada era sólo una consecuencia. Me gustaría encontrarla, pero me gustaría más todavía saber qué hacer con ella. Porque debía utilizarla de algún modo práctico, como había utilizado los ejercicios que Petrus me enseñara.

Paré de repente. El pensamiento que hasta entonces había estado sumergido explotó. Todo a mi alrededor quedó claro y una ola incontrolable de Ágape brotó a borbotones dentro de mí. Deseé con toda intensidad que Petrus estuviera ahí, para poder contarle lo que quería saber de mí, lo único que en realidad esperaba que yo descubriera, y que coronaba todo aquel tiempo enorme de enseñanzas por el Extraño Camino de Santiago: cuál era el secreto de mi espada.

Y el secreto de mi espada, como el secreto de cualquier conquista que el hombre busca en esta vida, era lo más simple del mundo: qué hacer con ella.

Jamás había pensado en esos términos. Durante el Extraño Camino de Santiago, todo lo que yo quería saber era dónde estaba escondida. No me pregunté por qué deseaba encontrarla y para qué la necesitaba. Tenía toda mi energía volcada en la recompensa, sin entender que cuando alguien desea algo debe tener una finalidad muy clara para aquello que quiere. Éste es el único motivo de buscar una recompensa, y era éste el secreto de mi espada.

Petrus tenía que saber que yo había descubierto eso, pero tenía la certeza de que no volvería a verlo. Él había esperado tanto por este día y no lo había visto.

Entonces me arrodillé en silencio, arranqué una hoja del cuaderno de notas y escribí lo que pretendía hacer con mi espada. Después doblé la hoja cuidadosamente y la puse debajo de una piedra, que me recordaba su nombre y su amistad. En breve el tiempo destruiría ese papel, pero simbólicamente yo se lo estaba entregando a Petrus.

Él ya sabía lo que yo conseguiría con mi espada. Mi misión con Petrus también estaba cumplida.

Seguí montaña arriba, con Ágape fluyendo dentro de mí y coloreando todo el paisaje que me rodeaba. Ahora que había descubierto el secreto, tendría que descubrir lo que buscaba. Una fe, una certeza inquebrantable invadió todo mi ser. Comencé a cantar la canción italiana que Petrus había recordado en el estacionamiento de vagones. Como no sabía la letra, comencé a inventar las palabras. No había nadie en las cercanías, yo cruzaba un monte espeso y el aislamiento me hizo cantar más alto. Poco a poco, percibí que las palabras que inventaba hacían un sentido absurdo en mi mente, era un medio de comunicación con el mundo que sólo yo conocía, pues el mundo me estaba enseñando ahora.

Había experimentado eso de una forma distinta cuando tuve mi primer encuentro con Legión. Aquel día se había manifestado en mí el Don de las Lenguas. Yo había sido siervo del Espíritu, que me utilizó para salvar a una mujer, crear un Enemigo y enseñarme la forma cruel del Buen Combate. Ahora era diferente: yo era el Maestro de mí mismo y me enseñaba a conversar con el Universo.

Comencé a conversar con todas las cosas que surgían en el camino: troncos de árboles, pozos de agua, hojas caídas y enredaderas vistosas. Era un ejercicio de personas comunes que los niños enseñaban y los adultos olvidaban. Pero había una misteriosa respuesta de las cosas, como si entendieran lo que yo estaba diciendo y a cambio me inundaran con el Amor que Devora. Entré en una especie de trance y me asusté, pero estaba dispuesto a seguir hasta cansarme de aquel juego.

Una vez más, Petrus tenía razón: enseñándome a mí mismo, me transformaba en un Maestro.

Llegó la hora del almuerzo y no me detuve a comer. Cuando atravesaba las pequeñas poblaciones del camino yo hablaba más bajo, sonreía solo y si por ventura alguien me prestó atención, debe haber concluido que hoy en día los peregrinos llegaban locos a la Catedral de Santiago. Pero eso no tenía importancia, porque yo celebraba la vida a mi alrededor y ya sabía lo que tenía que hacer con mi espada cuando la encontrara.

Caminé en trance durante todo el resto de la tarde, consciente de adónde quería llegar, pero mucho más consciente de la vida que me rodeaba y que me devolvía Ágape. En el cielo comenzaron a formarse, por primera vez, nubes cargadas; y rogué que lloviera, porque después de tanto tiempo de caminata y de sequía, la lluvia era otra vez una experiencia nueva, excitante. Cuando dieron las tres de la tarde pisé en tierras de Galicia y vi en el mapa que quedaba sólo una montaña para completar la travesía de aquella etapa. Decidí que la cruzaría y dormiría en el primer lugar habitado del descenso: Tricastela, donde un gran rey, Alfonso IX, había soñado con crear una inmensa ciudad, que muchos siglos después todavía no pasaba de ser un poblado rural.

Todavía cantando y hablando la lengua que había inventado para conversar con las cosas, comencé a subir la montaña que faltaba: O Cebreiro. El nombre provenía de remotos poblados romanos en el lugar y parecía indicar el mes de "febrero", en el que algo importante debía haber sucedido. Antiguamente era considerado el paso más difícil de la Ruta Jacobea, pero hoy las cosas habían cambiado. Con excepción de la subida, más escarpada que las otras, una inmensa antena de televisión en un monte vecino servía siempre de referencia a los peregrinos y evitaba los constantes desvíos de ruta, comunes y fatales en el pasado.

Las nubes comenzaron a bajar mucho, y en poco tiempo estaría entrando en la neblina. Para llegar a Tricastela, tenía que seguir con todo cuidado las marcas amarillas, ya que la antena de televisión quedaba oculta por la densa niebla. Si me perdía, terminaría durmiendo otra noche a la intemperie, y ese día, con amenaza de lluvia, la experiencia se anticipaba bastante desagradable. Una cosa es dejar que las gotas caigan en tu rostro, gozar la plenitud de la libertad y de la vida, pero terminar la noche en algún lugar acogedor, con una copa de vino y una cama dónde descansar lo suficiente para la caminata del día siguiente. Otra es dejar que las gotas de agua se conviertan en una noche de insomnio, tratando de dormir en el suelo húmedo, con las vendas mojadas sirviendo de campo fértil para la infección en la rodilla.

Tenía que decidir rápidamente. Era seguir adelante y atravesar la niebla, ya que todavía había luz suficiente, o volver y dormir en el pequeño poblado por el cual había pasado algunas horas atrás, dejando la travesía del Cebreiro para el día siguiente.

En el momento en que noté la necesidad de una decisión inmediata, noté también que algo extraño me estaba ocurriendo. La certeza de que había descubierto el secreto de mi espada me empujaba hacia adelante, hacia la niebla que en breve habría de rodearme. Era un sentimiento muy distinto de aquel que me había hecho seguir a la niña hasta la Puerta del Perdón o al hombre que me llegó a la Iglesia de San José Obrador.

Recordé que las pocas veces que acepté dar un Curso de Magia en Brasil, acostumbraba comparar la experiencia mística con otra experiencia que todos ya vivimos: andar en bicicleta. Comienzas subiéndote en ella, impulsando los pedales y cayendo. Caes, andas y caes, y no aprendes poco a poco a equilibrarte. De pronto, sin embargo, ocurre el equilibrio perfecto y logras dominar por completo el vehículo. No existe una experiencia acumulativa, sino una especie de "milagro" que sólo se manifiesta en el momento en que la bicicleta pasa a "andarte a ti"; o sea, cuando aceptas seguir el desequilibrio de las dos ruedas, y a medida que lo sigues, utilizas el impulso inicial de la caída para transformarlo en una curva o en más impulso para los pedales.

En ese momento de la subida del Cebreiro, a las cuatro de la tarde, noté que había ocurrido el mismo milagro. Después de tanto tiempo andando por el Camino de Santiago, el Camino de Santiago pasaba a "andarme a mí". Yo seguía lo que todos llaman Intuición. Y a causa del Amor que Devora que había experimentado todo el día, a causa del secreto de mi espada que había sido descubierto porque el hombre en los momentos de crisis siempre toma la decisión correcta, caminaba sin miedo en dirección a la niebla.

"Esta nube tiene que terminar", pensaba mientras luchaba por descubrir las marcas amarillas en las piedras y los árboles del Camino. Hacía casi una hora que la visibilidad era muy escasa, y yo seguía cantando para apartar el miedo, mientras esperaba que algo extraordinario sucediera. Rodeado por la niebla, solo en aquel ambiente irreal, comencé una vez más a ver el Camino de Santiago como si fuera una película, en el momento en que vemos al héroe hacer lo que nadie haría, mientras, en la sala, pensamos que esas cosas sólo ocurren en el cine. Pero ahí estaba yo, viviendo esta situación en la vida real. El bosque se iba haciendo cada vez más silencioso y la niebla comenzó a aclarar mucho. Podía ser que estuviera llegando al final, pero aquella luz confundía a mis ojos y pintaba todo a mi alrededor de colores misteriosos y aterradores.

Ahora el silencio era casi total, y yo estaba prestándole atención a eso cuando creí escuchar, proveniente de mi izquierda, una voz de mujer. Me detuve inmediatamente. Esperaba que el sonido se repitiera, pero no escuché ningún ruido, ni siquiera el barullo normal de los bosques, con sus grillos, insectos y animales pisando las hojas secas. Miré el reloj: eran exactamente las 5:15 de la tarde. Calculé que todavía faltaban unos cuatro kilómetros para llegar a Torrestrela, y el tiempo de caminata era más que suficiente para que pudiera recorrerlos todavía con luz de día.

Cuando aparté los ojos del reloj, escuché nuevamente la voz femenina. A partir de ese momento, viviría una de las experiencias más importantes de toda mi vida.

La voz no provenía de ningún lugar del bosque, sino de dentro de mí. Yo podía escucharla de manera clara y nítida, y ella hacía que mi sentido de Intuición se volviera más fuerte. No era yo, ni Astrain, el dueño de aquella voz. Ella me dijo sólo que debía seguir caminando, lo cual obedecí sin pestañear. Era como si Petrus hubiera regresado, hablándome de mandar y servir, y en aquel instante fuera sólo un instrumento del Camino que "me caminaba". La niebla se fue haciendo cada vez más clara, más clara, como si yo estuviera llegando cerca del final. A mi lado, arboles dispersos, un terreno húmedo y resbaladizo, y la misma subida escarpada que ya había estado haciendo hacía bastante tiempo.

De repente, como en un pase mágico, la niebla se deshizo por completo. Y ante mí, clavada en lo alto de la montaña, estaba la Cruz.

Miré a mi alrededor; vi el mar de nubes de donde saliera, y otro mar de nubes encima de mi cabeza. Entre esos dos océanos, los picos de las montañas más altas y el pico del Cebreiro, con la Cruz. Me invadieron unas ganas enormes de rezar. Aun sabiendo que eso me sacaría del camino de Torrestrela, decidí subir a lo alto de la montaña y hacer mis oraciones al pie de la cruz. Fueron cuarenta minutos de subida, que hice en silencio externo e interno. La lengua que había inventado había desaparecido de mi mente, ya no me servía para comunicarme con los hombres, ni con Dios. El Camino de Santiago era quien "me estaba andando", y él me revelaría el sitio donde estaba mi espada. Una vez más, Petrus tenía razón.

Al llegar a la cima, había un hombre sentado al lado de la Cruz, escribiendo algo. Por unos momentos pensé que era un enviado, una visión sobrenatural. Pero la Intuición me dijo que no y vi la venera cosida en su ropa; era sólo un peregrino, que me miró por largo tiempo y salió, importunado por mi presencia. Tal vez estuviera esperando lo mismo que yo, un ángel, y nos habíamos descubierto como hombres. En el camino de las personas comunes.

A pesar del deseo de orar, no pude decir nada. Permanecí ante la Cruz por mucho tiempo, mirando las montañas y las nubes, que cubrían el cielo y la tierra, dejando sin neblina sólo las altas cumbres. A un centenar de metros por debajo de mí, un pueblito con quince casas y una pequeña iglesia comenzó a encender sus luces. Por lo menos tenía dónde pasar la noche cuando el Camino así lo ordenara. No sabía exactamente a qué horas ocurriría eso, pero a pesar de que Petrus se había marchado, no estaba sin guía. El Camino "me andaba".

Un cordero descarriado subió el monte y se puso entre la Cruz y yo. Me miró un poco asustado. Miré por mucho tiempo el cielo casi negro, la cruz y el cordero blanco a sus pies. Entonces sentí, de una sola vez, el cansancio de todo aquel tiempo de pruebas, de luchas, de lecciones y de caminata. Un dolor terrible se aposentó en mi estómago y comenzó a subir por la garganta, hasta transformarse en sollozos secos, sin lágrimas, ante aquel cordero y aquella cruz. Una cruz que yo no tenía que poner en pie, porque estaba ahí, ante mí, resistiendo al tiempo, inmensa y solitaria. Mostraba el destino que el hombre diera, no a su dios, sino a sí mismo. Las lecciones del Camino de Santiago comenzaban a volver a mi mente, mientras yo sollozaba ante el testigo solitario que era aquel cordero.

—Señor —dije, finalmente, logrando rezar—. No estoy clavado en esta cruz, y tampoco te veo ahí. Esta cruz está vacía y así debe permanecer para siempre, porque el tiempo de la Muerte ya pasó y un dios resucita ahora dentro de mí. Esta cruz era el símbolo del Poder infinito que todos tenemos, clavado y muerto por el hombre. Ahora este Poder renace a la vida, el mundo está a salvo, y soy capaz de hacer sus Milagros. Porque recorrí el camino de las personas comunes y en ellas encontré Tu propio secreto. También Tú recorriste el camino de las personas comunes. Viniste a enseñarnos todo aquello de lo que éramos capaces, y no quisimos aceptarlo. Nos mostraste que el Poder y la Gloria estaban al alcance de todos, y esta súbita visión de nuestra capacidad fue demasiado para nosotros. Te crucificamos no porque seamos ingratos con el hijo de Dios, sino porque teníamos mucho miedo de aceptar nuestra propia capacidad. Te crucificamos por miedo a convertirnos en dioses. Con el tiempo y con la tradición, volviste a ser sólo una divinidad distante, y nosotros retomamos nuestro destino como hombres.

"No hay ningún pecado en ser feliz. Media docena de ejercicios y un oído atento bastan para conseguir que un hombre realice sus sueños más imposibles. Debido a mi orgullo en la sabiduría, me hiciste recorrer el camino que todos podían hacer, y descubrir lo que todos ya saben, si prestaran un poco más de atención a la vida. Me hiciste ver que la búsqueda de la felicidad es personal, y no un modelo que podamos dar a los demás. Antes de descubrir mi espada, tuve que descubrir su secreto; y era tan simple, era sólo saber qué hacer con ella. Con ella y con la felicidad que representará para mí.

"Caminé tantos kilómetros para descubrir cosas que ya sabía, que todos sabemos, pero que son tan difíciles de aceptar. ¿Existe algo más difícil para el hombre, Señor, que descubrir que puede alcanzar el Poder? Este dolor que siento ahora en mi pecho, y que me hace sollozar y asustar al cordero, viene ocurriendo desde que el hombre existe. Pocos aceptaron la carga de la victoria propia: la mayoría desistió de sus sueños cuando estos se volvieron posibles. Se rehusaron a librar el Buen Combate porque no sabían qué hacer con su propia felicidad, estaban demasiado atados a las cosas del mundo. Así como yo, que quería encontrar mi espada sin saber qué hacer con ella."

Un dios adormecido estaba despertando dentro de mí, y el dolor era cada vez más intenso. Sentía cerca de mí la presencia de mi Maestro y por primera vez logré transformar los sollozos en lágrimas. Lloré de gratitud con él por haberme hecho buscar mi espada a través del Camino de Santiago. Llore de gratitud con Petrus, por haberme enseñado, sin decir nada, que yo alcanzaría mis sueños si primero descubría lo que deseaba hacer con ellos. Avisté la cruz sin nadie junto a ella, y el cordero a sus pies, libre para pasear por donde quisiera entre aquellas montañas, y ver nubes sobre su cabeza y sobre sus pies.

El cordero se levantó y yo lo seguí. Ya sabía dónde me estaba llevando y, a pesar de las nubes, el mundo se había vuelto transparente para mí. Aunque no estuviera viendo la Vía Láctea en el cielo, tenía la seguridad de que existía y mostraba a todos el Camino de Santiago. Seguí al cordero, que caminó hacia aquel pequeño poblado, llamado también Cebreiro, como la montaña. Ahí había ocurrido un milagro una vez, el milagro de transformar aquello que haces en aquello en lo que crees. El Secreto de mi espada y del Extraño Camino de Santiago.

Mientras bajaba por la montaña, recordé la historia. Un campesino de un poblado próximo subió para oír misa en el Cebreiro, un día de gran tormenta. Celebraba la misa un monje casi sin fe, que despreció interiormente el sacrificio del campesino. Pero en el momento de la consagración, la hostia se transformó en la carne de Cristo, y el vino en su sangre. Las reliquias todavía están ahí, guardadas en esa pequeña capilla, un tesoro mayor que toda la riqueza del Vaticano.

El cordero se detuvo un poco a la entrada del poblado, donde sólo existe una calle, que conduce a la iglesia. En ese momento me invadió un inmenso pavor y comencé a repetir sin cesar: "Señor, yo no soy digno de entrar en Tu Casa". Pero el cordero me miró y habló conmigo a través de sus ojos. Me decía que olvidara para siempre mi indignidad, porque el Poder había renacido en mí, de la misma forma que podía renacer en todos los hombres que transformaran la vida en un Buen Combate. Un día llegará, decían los ojos del Cordero, en que el hombre volverá a sentir orgullo de sí mismo y entonces toda la Naturaleza loará el despertar del dios que estaba ahí durmiendo.

Mientras el cordero me miraba yo podía leer todo eso en sus ojos, y ahora él era mi guía por el Camino de Santiago. Por un momento todo se puso oscuro y comencé a ver escenas muy parecidas a las que había leído en el Apocalipsis: el Gran Cordero en su trono y los hombres lavando sus vestiduras y dejándolas limpias con la sangre del Cordero. Era el despertar del dios adormecido en cada uno. Vi también algunos combates, periodos difíciles, catástrofes que sacudirían la Tierra en los próximos años. Pero todo terminaba con la victoria del Cordero y con cada ser humano sobre la faz de la Tierra despertando al dios adormecido con todo su Poder.

Entonces me levanté y seguí al cordero hasta la pequeña capilla, construida por el campesino y por el monje que había pasado a creer en lo que hacía. Nadie sabe quiénes fueron. Dos lápidas sin nombre en el cementerio de al lado marcaban el sitio donde están enterrados sus huesos. Pero es imposible saber cuál es la tumba del monje y cuál la del campesino. Porque, para que ocurriera el Milagro, era preciso que ambas fuerzas hubiesen librado el Buen Combate.

La capilla estaba llena de luz cuando llegué a sus puertas. Sí, yo era digno de entrar porque tenía una espada y sabía qué hacer con ella. No era el Portal del Perdón, porque yo ya había sido perdonado y ya había lavado mis vestiduras en la sangre del Cordero. Ahora sólo quería poner las manos en mi espada y salir librando el Buen Combate.

En la pequeña construcción no existía ninguna cruz. Ahí, en el altar, estaban las reliquias del Milagro: el cáliz y la patena que había visto durante la Danza, y un relicario de plata que contenía el cuerpo y la sangre de Jesús. Yo volvía a creer en milagros y en las cosas imposibles que el hombre es capaz de conseguir en su vida diaria. Las altas cumbres que me rodeaban parecían decir que estaban ahí sólo para desafiar al hombre. Y que el hombre existía sólo para aceptar el honor de ese desafío.

El cordero se escabulló por uno de los bancos y yo miré al frente. Ante el altar, sonriendo, y tal vez un poco aliviado, estaba el Maestro. Con mi espada en la mano.

Me detuve y él se aproximó, pasando de largo ante mí y saliendo al exterior. Yo lo seguí. Delante de la capilla, mirando al cielo oscuro, desenvainó mi espada y me pidió que sujetara la empuñadura junto con él. Apuntó la hoja hacia arriba y dijo el Salmo sagrado de quienes viajan y luchan para vencer:

Caigan mil a tu lado, y diez mil a tu derecha, tú no serás alcanzado.
Ningún mal irá a sucederte, ninguna plaga llegará a tu tienda; pues
a sus Ángeles dará órdenes a tu respecto, para que te guarden en todos
tus Caminos.

Entonces me arrodillé y él tocó con la hoja mis hombros mientras decía:

Pisarás al león y al áspid.

Calzarás los pies al dragón y al pequeño león.

En el momento en que terminó de decir eso, comenzó a llover. Llovía y se fertilizaba la tierra, y aquella agua sólo volvería al cielo después de haber hecho nacer una semilla, crecer un árbol, abrir una flor. Llovía cada vez más fuerte y yo permanecí con la cabeza erguida, sintiendo por primera vez en todo el Camino de Santiago el agua que venía de los cielos. Recordé los campos desiertos, y estaba feliz porque aquella noche estaban siendo mojados. Recordé las piedras de León, los trigales de Navarra, la aridez de Castilla, los viñedos de Rioja, que hoy estaban bebiendo el agua que descendía a torrentes, trayendo la fuerza de lo que está en los cielos. Recordé que había puesto en pie una cruz, pero que la tormenta habría de derrumbarla de nuevo para que otro peregrino pudiera aprender a Mandar y a Servir. Pensé en la cascada, que ahora debía estar más fuerte con el agua de lluvia, y en Foncebadón, donde había dejado tanto Poder para fertilizar nuevamente el suelo. Pensé en tantas aguas que bebí en tantas fuentes y que ahora estaban siendo devueltas. Yo era digno de mi espada porque sabía qué hacer con ella.

El Maestro me extendió la espada y yo la tomé. Intenté buscar con los ojos al cordero, pero había desaparecido. Sin embargo, eso no tenía la menor importancia: el Agua Viva descendía de los cielos y hacía brillar la hoja de mi espada.

Palabras finales
Santiago de Compostela

Puedo ver la Catedral de Santiago desde la ventana de mi hotel, y algunos turistas están en su puerta principal. Estudiantes en ropajes medievales negros pasean entre las personas, y los vendedores de souvenirs comienzan a montar sus puestos. Es muy temprano en la mañana, y fuera de las notas, estas líneas son las primeras que escribo sobre el Camino de Santiago.

Llegué ayer a la ciudad, después de tomar un ómnibus que cubría la ruta regular entre Pedrafita, cerca de Cebreiro, y Compostela. En cuatro horas recorrimos los 150 kilómetros que separan a las dos ciudades, y recordé mi caminata con Petrus, las veces que necesitábamos de dos semanas para recorrer esa misma distancia. Dentro de poco voy a salir para dejar en la tumba de Santiago la imagen de Nuestra Señora Aparecida sobre las veneras. Después, en cuanto sea posible, tomo un avión de regreso a Brasil, pues tengo mucho que hacer. Recuerdo que Petrus dijo que había condensado toda su experiencia en un cuadro, y me pasa por la mente la idea de escribir un libro sobre lo que viví. Pero eso es todavía una idea remota, y tengo mucho que hacer ahora que recuperé mi espada.

El secreto de mi espada es mío y jamás lo revelaré. Fue escrito y dejado bajo una piedra pero, con la lluvia que cayó, el papel debe haber sido destruido. Mejor así. Petrus no necesitaba saber.

Le pregunté al Maestro cómo sabía la fecha en que yo llegaría o si tenía ya mucho tiempo ahí. Él rio, dijo que había llegado la mañana anterior, y que partiría al día siguiente, aunque yo no llegara. Le pregunté cómo era eso posible, y no respondió. Pero a la hora en que nos despedimos, cuando ya estaba dentro del auto alquilado que lo llevaría de regreso a Madrid, me dio una pequeña encomienda de la Orden de Santiago de la Espada y dijo que yo había ya tenido una gran Revelación cuando miré en el fondo de los ojos del cordero.

Sin embargo, si yo me esforzaba como me había esforzado, tal vez un día lograría entender que las personas siempre llegan a la hora exacta a los lugares donde están siendo esperadas.

DE VUELTA
EN EL CAMINO

AVE FÉNIX

Volviendo a recorrer el Camino de Santiago veinte años después, paro en Villafranca del Bierzo. Ahí, una de las figuras más emblemáticas del recorrido, Jesús Jato, construyó un refugio para peregrinos. Vinieron personas de la aldea y, creyendo que Jato era un brujo, incendiaron el lugar. Él no se dejó intimidar, y junto con Mari Carmen, su mujer, volvió a comenzar. El lugar se llamó Ave Fénix, el pájaro que renace de las cenizas.

Jato es famoso por preparar la "quemada", una bebida alcohólica de origen celta, que ingerimos en una especie de ritual, también celta. En esta noche fría de primavera, están en el Ave Fénix una canadiense, dos italianos, tres españoles y una australiana. Y Jato les cuenta algo que me pasó en 1986 y que no tuve el valor de incluir en *El Peregrino*, seguro de que los lectores no lo creerían.

—Un sacerdote local llegó aquí para avisar que un peregrino había pasado por Villafranca aquella mañana y que no había llegado a Cebreiro (la próxima etapa), y que por lo tanto estaba perdido en el bosque —dice Jato—. Fui a buscarlo y lo encontré hasta las dos de la tarde, dormido en una cueva. Era Paulo. Al despertarlo, él me reclamó: "¿Será que no puedo dormir ni siquiera una hora en este camino?" Le expliqué que no había dormido sólo una hora; había estado ahí más de un día.

Recuerdo, como si fuera hoy: me sentía cansado y deprimido, entonces decidí parar un poco. Descubrí la cueva y me acosté en el suelo. Cuando abrí los ojos y vi al tal sujeto, tenía la seguridad de que no habían transcurrido más que algunos minutos, porque ni siquiera me había movido. Hasta hoy no sé exactamente cómo sucedió aquello y tampoco busco explicaciones, aprendí a convivir con el misterio.

Todos bebemos la "quemada", acompañando a Jato en sus "¡uhhhh!" mientras él recita los versos ancestrales. Al final, la canadiense se me aproxima.

—No soy el tipo de persona que está en busca de tumbas de santos, ríos sagrados, lugares de milagros o apariciones. Para mí, peregrinar es celebrar. Tanto mi padre como mi madre murieron temprano, de un ataque cardíaco, y tal vez yo esté propensa a eso. Por lo tanto, como puedo partir temprano de esta vida, debo conocer lo máximo del mundo y tener toda la alegría que merezco.

"Cuando mi madre murió, me prometí a mí misma alegrarme siempre que el sol nace de nuevo cada mañana. Mirar al futuro, pero nunca sacrificar el presente por eso. Aceptar el amor todas las veces que se cruce en mi camino. Vivir cada minuto y jamás hacer a un lado algo que pueda hacerme feliz."

Recuerdo aquel año de 1986, cuando también dejé todo para hacer este recorrido que terminaría por cambiar mi vida. En aquella época mucha gente me criticó, pensando que era una locura, sólo mi mujer me dio apoyo suficiente. La canadiense dice que eso mismo le pasó a ella y me entrega un texto que lleva consigo.

—Es un fragmento del discurso que el presidente estadounidense Theodore Roosevelt dio en la Sorbona, en París, el día 23 de abril de 1910.

Leo lo que está escrito en el papel:

El crítico no tiene ninguna importancia: todo lo que hace es apuntar un dedo acusador en el momento en que el fuerte sufre una caída o cuando quien está haciendo algo comete un error. El verdadero crédito es para quien está en la arena, con el rostro sucio de polvo, sudor y sangre, luchando con coraje.

El verdadero crédito va para quien se equivoca, falla, pero que poco a poco va acertando, porque no existe esfuerzo sin error. Él conoce el gran entusiasmo, la gran devoción, y está gastando su energía en algo que vale la pena. Este es el verdadero hombre, que en el mejor de los casos conocerá la victoria y la conquista, y que en el peor de los casos caerá. Pero incluso en su caída es grande, porque vivió con coraje y estuvo por encima de las almas mezquinas que jamás conocieron victorias ni derrotas.

LEYENDAS DEL CAMINO

Hay muchas otras versiones de cada uno de los temas que siguen, pero elegí las que considero más interesantes.

EL NACIMIENTO DE LA CIUDAD

Una de las muchas leyendas cuenta que el apóstol Santiago va hasta la provincia romana de Hispania para llevar el Evangelio. Más tarde regresa a Jerusalén, donde es decapitado.

Dos de sus discípulos, Atanasio y Teodoro, colocan sus restos mortales en un barco sin timón y se lanzan al mar revuelto, guiados sólo por las corrientes marítimas. Y van a parar al mismo lugar donde antes Santiago estuviera predicando la palabra de Jesús. Los discípulos entierran su cuerpo ahí.

El tiempo pasa, hasta que un pastor, llamado Pelayo, contempla durante muchos días una lluvia de estrellas en un campo. Guiado por esa lluvia, encuentra las ruinas de tres tumbas, la de Santiago y las de sus dos discípulos. El rey Alfonso II manda erigir una capilla en el lugar, "Campus Stellae" (Campo de la Estrella), y comienzan las peregrinaciones. El nombre latino va cambiando poco a poco, hasta transformarse en Compostela.

La concha como símbolo

El día que el barco con los restos mortales de Santiago llegaba a Galicia, una fuerte tormenta amenazaba con estrellarlo contra las piedras de la costa.

Viendo aquello, un hombre que pasaba entra en el mar con su caballo e intenta ayudar a los navegantes. Sin embargo, se convierte también en blanco de la furia de los elementos y comienza a ahogarse. Creyendo que todo está perdido, pide a los cielos que tengan piedad de su alma.

En ese momento la tormenta se calma, y tanto el barco como el caballero son conducidos suavemente a la playa. Ahí, los discípulos Atanasio y Teodoro notan que el caballo está cubierto de un tipo de concha, conocida también como "venera".

En homenaje a ese heroico gesto, esa concha pasa a ser el símbolo del Camino, y puede encontrársele en edificios a lo largo de la ruta, en los puentes, los monumentos y, sobre todo, en las mochilas de los peregrinos.

Intentando engañar al destino

En su camino a Galicia durante la Reconquista (guerras religiosas que terminaron con la expulsión de los árabes de la península Ibérica por parte de los españoles), el emperador Carlomagno enfrenta los ejércitos de un traidor cerca de Monjardín. Antes de la batalla, le reza a Santiago, quien le revela el nombre de 140 soldados que morirán en la contienda. Carlomagno deja a esos hombres en el campamento y parte para el combate.

Al final de aquella tarde, victorioso y sin una baja en su ejército, regresa y descubre que el campamento había sido incendiado y que los 140 hombres estaban muertos.

El Portal de la Gloria

Al llegar a Santiago de Compostela, el caminante debe obedecer una serie de rituales, entre ellos colocar la mano en un bellísimo pórtico en la puerta principal de la iglesia. Reza la leyenda que la obra de arte fue encomendada por el rey Fernando II a un artesano llamado Mateus en el año de 1187.

Durante años, el artesano trabajó el mármol, esculpiendo incluso su propia figura, de rodillas, en la parte posterior de la columna central.

Cuando Mateus terminó su obra, los habitantes de la ciudad resolvieron sacarle los ojos, para que nadie jamás pudiera repetir tal maravilla en ningún otro lugar del mundo.

¿Derecha o izquierda?

Llego a Santiago de Compostela, esta vez en auto, para celebrar los veinte años de mi peregrinación. Cuando estaba en Puente La Reina, me vino la idea de promover tardes de autógrafos sin grandes preparaciones: bastaba telefonear a la siguiente ciudad donde debíamos dormir, pedir que colocaran un cartel en la librería local y estar ahí a la hora señalada.

Funcionó magníficamente en las pequeñas aldeas, aunque exigiera un poco más de organización en las grandes ciudades, como en la propia Santiago de Compostela. Tuve un contacto inesperado con los lectores y aprendí que las cosas hechas con amor pueden tener a lo imprevisto como un gran aliado.

Santiago estaba ahora frente a mí. Y algunas decenas de kilómetros más adelante, el océano Atlántico. Pero estoy decidido a seguir con las tardes de autógrafos improvisadas, ya que pretendo estar noventa días fuera de casa.

Y como no tengo intención de atravesar el océano en este momento, me pregunto: ¿debo ir a la derecha (Santander, País Vasco) o a la izquierda (Guimarães, Portugal)?

Mejor dejar que el destino escoja. Mi mujer y yo entramos en un bar y preguntamos a un hombre que está tomando café: ¿derecha o izquierda? Él dice con convicción que debemos seguir a la izquierda, tal vez pensando que nos referíamos a partidos políticos.

Llamo por teléfono a mi editor portugués. Él no pregunta si estoy loco, no reclama de haberle avisado casi encima de la hora. Dos horas después me llama, dice que entró en contacto con las estaciones de radio locales de Guimarães y Fátima, y que en 24 horas podré estar con mis lectores en esas ciudades.

Todo sale bien.

Y en Fátima, como una señal, recibo un regalo de una de las personas que están ahí. Se trata de los escritos de un monje budista, Thich Nhat Hanh, intitulados *The Long Road to Joy (El largo camino lleva a la alegría)*. A partir de ese momento, antes de continuar la jornada de noventa días por el mundo, todas las mañanas leo las sabias palabras de Nhat Hanh, que resumo a continuación:

1. Ya llegaste. Por lo tanto, siente el placer en cada paso y no te preocupes con las cosas que todavía tienes que superar. No hay nada ante nosotros, sólo un camino a ser recorrido a cada momento con alegría. Cuando practicamos la meditación peregrina, siempre estamos llegando, nuestro hogar es el momento actual, y nada más.

2. Por eso, sonríe siempre mientras caminas. Aun si tuvieras que forzarte un poco y creer que eres ridículo. Acostúmbrate a sonreír y terminarás alegre. No tengas miedo de mostrar tu contento.

3. Si piensas que la paz y la felicidad están siempre adelante, jamás lo-

grarás alcanzarlas. Procura entender que ambas son tus compañeras de viaje.

4. Cuando andas, estás masajeando y honrando a la tierra. De la misma manera, la tierra está buscando ayudarte a equilibrar tu mente y tu organismo. Entiende esa relación y procura respetarla, que tus pasos sean dados con la firmeza de un león, la elegancia de un tigre y la dignidad de un emperador.

5. Presta atención a lo que ocurre a tu alrededor. Y concéntrate en tu respiración, eso te ayudará a liberarte de los problemas y de las ansiedades que intentan acompañarte en tu jornada.

6. Al caminar, no eres sólo tú quien se está moviendo, sino todas las generaciones pasadas y futuras. En el llamado mundo "real", el tiempo es una medida, pero en el mundo verdadero no existe nada más allá del momento presente. Ten plena conciencia de que todo lo que ya ocurrió, y todo lo que ocurrirá están en cada paso que das.

7. Diviértete. Haz de la meditación peregrina un encuentro constante contigo mismo; jamás una penitencia en busca de recompensas. Que siempre crezcan flores y frutos en los lugares donde toquen tus pies.

FRANCISCO

Tomo café en la terraza del hotel con vista a un gigantesco castillo en este pequeño poblado de sólo algunas casas en la provincia de Navarra, España. Ya es de noche, no hay luna. Estoy volviendo a recorrer en auto mi peregrinación a Santiago de Compostela.

Sin embargo, el pueblo donde estoy no forma parte del recorrido, que pasa a unos 19 kilómetros de aquí. Pero yo tenía intención de visitarlo, y aquí estoy. Hace quinientos años nació en este lugar un hombre llamado Francisco. Debe haber jugado mucho en los campos alrededor del castillo. Probablemente se bañó en el río que corre aquí cerca. Hijo de padres ricos, dejó la aldea para completar sus estudios en la famosa Universidad La Sorbona, de París. Deduzco que fue su primer viaje largo.

Era atlético, inteligente, bien parecido y envidiado por todos los alumnos menos uno, vecino de la misma y lejana provincia española, que se llamaba Ignacio. Ignacio decía: "Francisco, piensas mucho en ti mismo. ¿Por qué no te dedicas a pensar en otras cosas, como en Dios, por ejemplo?" No sé por qué, pero Francisco, el más agraciado y valiente estudiante de La Sorbona, se deja convencer por Ignacio. Se juntan con otros alumnos y fundan una sociedad, que es motivo de risa para todos, al grado que alguien escribió, en la puerta de la sala donde se reunían: "Sociedad de Jesús". En vez de ofenderse, adoptaron el nombre. Y, a partir de ahí, Francisco comenzó un viaje sin retorno.

Va con Ignacio a Roma y le pide al Papa que reconozca la "sociedad". El pontífice acepta reunirse con los estudiantes y, para estimularlos, da su aprobación, Francisco, que se moría de miedo de los barcos y del mar, parte solo a Oriente, imbuido de lo que considera su misión. En los siguientes diez años visita África, la India, Sumatra, las Molucas, Japón. Aprende nuevos idiomas, visita hospitales, prisiones, ciudades y villorrios. Escribe muchas cartas, pero ninguna, absolutamente ninguna, hace referencia a puntos "turísticos" de esos lugares. Sólo comenta la necesidad de llevar una palabra de aliento y esperanza a los menos favorecidos.

Francisco muere lejos del pueblo donde estoy ahora tomando mi café, y es enterrado en Goa. En una época en que el mundo era inmenso, las distancias parecían casi insuperables y los pueblos vivían en guerra, Francisco creyó que debía considerarlo una aldea global. Superó su miedo al mar, a los barcos, a la soledad, porque estaba consciente de que su vida tenía un sentido. No sabía, mientras caminaba por el Oriente, que sus pasos jamás serían olvidados y que todo lo que sembraba daría frutos. Hacía eso porque era su leyenda personal, la forma que escogió de vivir su vida.

Quinientos años después, en la ciudad de Ahmedabad, en la India, un profesor pide a sus alumnos una biografía sobre él. Uno de los chicos escribe: "Fue un gran arquitecto, porque en todo el Oriente existen escuelas que él construyó y que llevan su nombre".

Antonio Falces, que dirige uno de esos colegios, cuenta que vio a dos personas conversando:

—Francisco era portugués —dice una.

—Claro que no. Nació y fue enterrado aquí en Goa —responde la otra.

Ambas están equivocadas y ambas tienen razón: Francisco nació en un pequeño poblado de Navarra, pero era un hombre de mundo y todos lo consideraban parte de su propia gente. Tampoco era un arquitecto especializado en construir escuelas, pero, como dice uno de sus primeros biógrafos: "era como el sol, que no puede seguir adelante sin esparcir luz y calor por donde pasa."

Pienso en Francisco: salir de aquí, recorrer el mundo, hacer que el nombre de este pequeño poblado sea llevado a muchos lugares, al grado que mucha gente cree que es su apellido. Enfrentar sus miedos, renunciar a todo en nombre de sus sueños; que eso me inspire y me sirva de ejemplo: yo, que estudié en uno de los colegios de la tal "sociedad de Jesús", o S.J., o escuelas jesuitas, como son conocidas.

Estoy en el pueblo de Xavier. Francisco e Ignacio, que vino de otro pequeño poblado llamado Loyola, fueron canonizados el mismo día, el 12 de marzo de 1622. Esa mañana, pusieron una manta en los muros del Vaticano:

"San Francisco Xavier hizo muchos milagros. Pero el milagro de San Ignacio es todavía mayor: Francisco Xavier."

LECCIONES DE UN PEREGRINO

Desde muy joven descubrí que viajar era, para mí, la mejor manera de aprender. Conservo hasta hoy esa alma de peregrino y decidí relatar aquí algunas de las lecciones que aprendí, esperando que puedan serle útiles a otros peregrinos como yo.

1. *Evita los museos.* El consejo puede parecer absurdo, pero reflexionemos un poco: si estás en una ciudad extranjera, ¿no es mucho más interesante ir en busca del presente que del pasado? Sucede que las personas se sienten obligadas a ir a los museos porque aprendieron desde pequeñitas que viajar es buscar ese tipo de cultura. Es cierto que los museos son importantes, pero exigen tiempo y objetividad: tienes que saber qué es lo que quieres ver ahí, o vas a salir con la impresión de que viste una porción de cosas fundamentales para tu vida, pero no te acuerdas de cuáles son.

2. *Frecuenta los bares.* Es ahí, y no en los museos, donde se manifiesta la vida de la ciudad. Los bares no son discotecas, sino sitios donde va el pueblo, toma algo, piensa en la vida, y siempre está dispuesto a charlar. Compra un periódico y permítete a ti mismo contemplar el entra y sale. Si alguien te saca plá-

tica, por más tonta que sea, engánchate en la conversación: no se puede juzgar la belleza de un camino mirando sólo su puerta de entrada.

3. *Está disponible.* El mejor guía de turismo es alguien que vive en el lugar, lo conoce todo, siente orgullo de su ciudad, pero no trabaja en una agencia. Sal a las calles, elige a una persona con quien desees conversar y pídele información (¿dónde queda tal Catedral? ¿Dónde está el edificio de Correos?). Si no da resultado, intenta con otra: te garantizo que, al final del día, habrás encontrado una excelente compañía.

4. *Procura viajar solo o, si eres casado, sin tu cónyuge.* Te va a costar más trabajo, nadie estará cuidando de ti, pero sólo de esta forma podrás realmente salir de tu país. Los viajes en grupo son una manera disfrazada de estar en una tierra extranjera, pero hablando tu lengua natal, obedeciendo al jefe del rebaño y preocupándote más por los chismes del grupo que por el lugar que estás visitando.

5. *No hagas comparaciones.* No compares nada; ni precios; ni limpieza; ni calidad de vida; ni medios de transporte; ¡nada! No estás viajando para probar que vives mejor que los demás. En realidad, tu búsqueda es saber cómo viven los demás, lo que pueden enseñar, cómo enfrentan la realidad, y descubrir lo extraordinario de la vida.

6. *Entiende que todo el mundo te entiende.* Aunque no hables el idioma local, no tengas miedo: he estado en muchos lugares donde no había forma de comunicarme a través de las palabras y siempre acabé encontrando apoyo, orientación, sugerencias importantes y hasta novias. Algunas personas creen

que si viajan solas, van a salir a la calle y se perderán para siempre. Basta tener la tarjeta del hotel en la bolsa y, en una situación extrema, tomar un taxi y mostrársela al conductor.

7. *No compres mucho.* Gasta tu dinero en cosas que no necesites cargar: buenas obras de teatro, restaurantes, paseos. Hoy en día, con el mercado global y el Internet, puedes tenerlo todo sin necesidad de pagar exceso de equipaje.

8. *No intentes ver el mundo en un mes.* Vale más quedarse en una ciudad cuatro o cinco días que visitar cinco ciudades en una semana. Una ciudad es una mujer caprichosa, necesita tiempo para ser seducida y mostrarse por completo.

9. *Un viaje es una aventura.* Henry Miller decía que es mucho más importante descubrir una iglesia de la que nadie oyó hablar, que ir a Roma y sentirse obligado a visitar la Capilla Sixtina, con doscientos mil turistas gritando en tus oídos. Ve a la Capilla Sixtina, pero déjate perder por las calles, andar por los callejones, sentir la libertad de estar buscando algo que no sabes qué es, pero que, con toda certeza, encontrarás y cambiará tu vida.

Índice

PAULO COELHO

OTRAS OBRAS DE PAULO COELHO

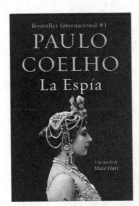

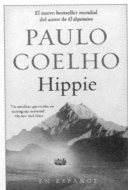

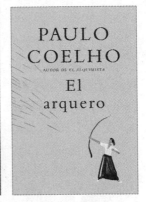

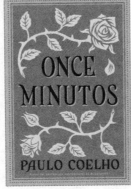